Eine kleine Mythologie des Lernens

Waldorfpädagogik und andere Missverständnisse

Eine kleine Mythologie des Lernens

Waldorfpädagogik und andere Missverständnisse

© Wolfgang Beyen 2024
Verlag: BoD • Books on Demand GmbH, In de Tarpen 42, 22848 Norderstedt
Druck: Libri Plureos GmbH, Friedensallee 273, 22763 Hamburg
ISBN: 978-3-7597-7830-7

Inhaltsverzeichnis

1. Einleitung

Mythologie ist die Summe aller Mythen, Legenden, Sagen. Es handelt sich somit um (erfundene) Geschichten. Nicht selten allerdings findet man in ihnen auch etwas Wahres. Das muss dann oft als „Beweis" dafür herhalten, dass der *gesamte* Mythos wohl seine Berechtigung hat – ein unkritischer Trugschluss, dem viele unterliegen! In diesem Buch soll der „Mythos" nicht von vornherein als „unrealistisch" oder „unwahr" angesehen werden; vielmehr lassen wir – zunächst einmal – offen, ob er sich irgendwann als wahr oder unwahr erweist. Dass diese Ansicht angemessen ist, zeigt sich am Beispiel der Stadt Troja, die vom griechischen Dichter Homer (falls es ihn überhaupt gegeben hat) in seinen Werken „Ilias" und „Odyssee" beschrieben wird. Hatte der Ort lange Zeit Legendenstatus, so gilt seine Existenz spätestens seit 1871 als gesichert. In jenem Jahr nämlich entdeckte der deutsche Archäologe Heinrich Schliemann Ruinen einer Stadt, die man bis heute für das verschollene Troja hält. Ein Beleg dafür, dass ein Mythos trotz langjähriger vielfach gegenteiliger Auffassung wahr werden kann. Das sollte uns nötigen, die Frage nach „wahr" oder „unwahr" des Mythos stets kritisch zu prüfen und somit vorerst in der Schwebe zu belassen. Wir werden dies im Folgenden auch tun. Möglicherweise liegt gerade in der Offenheit seines Status der besondere Reiz, sich mit Mythen oder Mythologie zu beschäftigen!

Im Bereich des menschlichen Lernens, mit dem wir uns im vorliegenden Buch befassen wollen, gibt es eine Reihe von Mythen oder Legenden. So mancher –

nicht nur Pädagoge oder Erzieher – macht sie sich zu eigen und folgt ihren Maßgaben, um sich dann zu wundern, dass sie an der Realität brechen. Einige dieser im weiten Sinne pädagogischen „Erzählungen" wollen wir im Folgenden beleuchten. Dabei versuchen wir jedoch, uns nicht von ihrer Dichtkunst betören zu lassen, sondern sie wie angedeutet einer kritischen, wissenschaftlich gestützten Untersuchung zu unterziehen. Wir werden sehen, inwieweit ihre Ideen danach noch Bestand haben oder ob auch sie – ihrer Strahlkraft beraubt – auf dem großen Scheiterhaufen pädagogischer Heilslehren landen.

Als ehemaliger Lehrer konnte ich kaum der Versuchung widerstehen, verstärkt eigene unterricht-liche Erfahrungen in den engeren Blick zu nehmen. Dennoch haben die folgenden Ausführungen – unter Berücksichtigung der je eigenen Situation – auch im Bereich des privaten Lernens bzw. Wissenserwerbs ihre Gültigkeit.

Wer über das Thema „Lernen" schreibt, ist zumindest eine kurze Erläuterung des fraglichen Begriffs schuldig. *Lernen* soll hier verstanden werden als eine dauerhafte Veränderung „im Verhaltens-potenzial als Folge von Erfahrungen" (Hasselhorn/ Gold 2009). Veränderungen im Organismus jedoch aufgrund von Reifung, Drogenkonsum oder infolge hirnstruktureller Prozesse unterliegen nicht dem Lernbegriff. Wenn folglich jemand zu zwei unterschiedlichen Zeitpunkten auf ein und denselben Reiz verschieden reagiert – d. h., es ist eine Verhaltens- bzw. Wissensveränderung eingetreten –, kann man von einem Lernprozess als Ergebnis von Erfahrungen ausgehen. Dazu ein Beispiel:

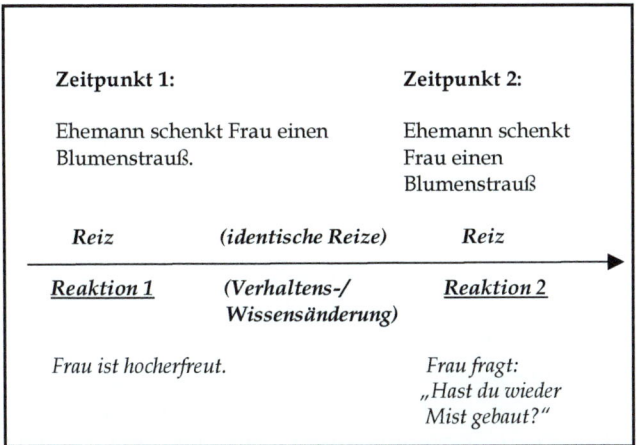

Abb. 1: Verhaltens-/Wissensänderung aufgrund von Erfahrungen

Erläuterungen zu Abbildung 1: Ein Ehemann schenkt seiner Frau einen Blumenstrauß. Da er etwas „ausgefressen" hat, will er sie milde stimmen. Als er ihr einige Zeit später wieder mal einen Blumenstrauß mitbringt, reagiert die Gattin reserviert. Die Erfahrung hat sie gelehrt, dass geschenkte Blumen möglicherweise einen „Hintergrund" haben.

Noch eine Bemerkung vorab: Im Folgenden werde ich mich keiner gendergerechten Sprache bedienen. Ich bin nicht gewillt, mich an der Vergewaltigung unserer schönen deutschen Sprache durch ideologisch verblendete Gender-Aktivisten:*_/Innen

3

mitschuldig zu machen. Sie ist durch die Invasion von Anglizismen und deftiger Vulgärpoesie verhunzt genug!

2. Über den Nutzen der Neurowissenschaften für das Lernen

Einer der wohl geläufigsten Mythen im Bereich des Lernens handelt vom „Hans, der nimmermehr lernt, was er als Hänschen nicht gelernt hat!" Sollte der alte Hans wirklich die Flinte ins Korn werfen und gar nicht erst versuchen, das, was er als „Hänschen", versäumt hat zu lernen, im hohen Alter nachzuholen? Mitnichten! So jedenfalls lehrt uns die Hirnforschung (hier im Buch auch als Neurowissenschaften bezeichnet). Sie macht den Älteren Mut, sich auch dann noch geistig zu betätigen und Dinge zu erlernen, die in jungen Jahren – aus welchen Gründen auch immer – nicht auf der *To-do*-Liste standen. Hier zerstörte die Hirnforschung einen Mythos, der sich fälschlicherweise lange Zeit gehalten hatte. Sie sorgt allerdings auch für manche neuen „Neuromythen", die es kritisch zu beleuchten gilt. Aber der Reihe nach!

2.1 Wie kam es zur Hochkonjunktur der Hirnforschung im Bereich des Lernens?

Die Resultate der ersten Lernstandserhebung von Schülerinnen und Schülern durch die OECD (Organisation für wirtschaftliche Zusammenarbeit und Entwicklung) im Jahr 2000 zeichneten insbesondere für Deutschland ein verheerendes Bild, das zum oft zitierten „PISA-Schock" (PISA bezeichnet eine von der OECD initiierte internationale Schulleistungsstudie, die die Leistungen in
4

Lesekompetenz, Mathematik und Naturwissenschaften von Schülerinnen und Schülern im dreijährigen Rhythmus überprüft. Die meisten Mitgliedsländer der OECD nehmen daran teil.). So lagen die Ergebnisse für deutsche Schülerinnen und Schüler in den Bereichen Lesekompetenz, Mathematik und Naturwissenschaften unterhalb des OECD-Durchschnitts. Man kann heute davon ausgehen, dass die PISA-Studie dazu führte, dass man sich im Bereich der praktischen Erziehung bzw. Pädagogik hilfesuchend (auch) an die Neurowissenschaft wandte. Immerhin bietet sie als „harte" naturwissenschaftliche Forschung belastbarere Resultate als die doch oftmals recht schwammige (geisteswissenschaftlich geprägte) Pädagogik. Zwar verbergen sich teils geniale Denker hinter dieser; aber die irrlichterten zumeist in philosophisch stratosphärischen Höhen und verloren folglich die Praxis des Lernens – innerhalb und außerhalb des unterrichtlichen Geschehens – aus dem Blick. So entbehrten ihre Gedankengebäude auch weitestgehend einer hinreichenden Überprüfung an der rauen pädagogischen Wirklichkeit.

Erfolgsfaktor „Spaß" – Neuromythos oder alter Wein in neuen Schläuchen?

Von professionellen Pädagogen wurden daher die neurowissenschaftlichen Ergebnisse begierig aufgenommen! Das verwundert kaum, hatte doch die eigene Disziplin – wie erwähnt – wenig zur Erhellung menschlicher Lernprozesse beigetragen. Das alles musste den Protagonisten der fraglichen

Fachrichtung natürlich peinlich sein und deswegen versuchten sie dieses Defizit dank eines mit Fremdwörtern üppig angereicherten Begriffssalats zu vertuschen. Wenn man schon nichts zu sagen hat, soll es wenigstens auch keiner merken! Man hätte besser gleich auf die Errungenschaften der Pädagogischen Psychologie setzen sollen, denn sie verfügt über die Kernkompetenz im Bereich des Lernens! Sie erforscht als *theoretische Wissenschaft* die Zusammenhänge bzw. allgemeinen Gesetzmäßigkeiten des Lernens und bündelt diese Einsichten zu Theorien, welche sie als *praktische Handlungswissenschaft* in Anleitungen für die Gestaltung eines erfolgreichen Lernprozesses fruchtbar werden lässt. Sie bietet somit ein großes Reservoir an Hilfen sowohl für den pädagogischen Profi als auch den bemühten Laien.

Die pädagogische Zunft zog es jedoch in ihrer „Neuromanie" vor, ihr Heil in der Hirnforschung zu suchen und etablierte den mit pädagogischem Erlösungspotenzial ausgestatteten Begriff der „Neurodidaktik". Dabei setzten die Pädagogen eilfertig auf den Faktor „Spaß", lässt der doch das „Glückshormon" *Dopamin* nur so sprudeln. Jedenfalls galt im Zuge der „neurowissenschaftlichen Revolution" im Bereich des Lernens Spaß als *der* Erfolgsgarant schlechthin. So mancher Lehrer fühlte sich ermutigt, seine Klassenräume zu Oasen der Bespaßung umzufunktionieren, die den Vergleich mit Freizeit- oder Centerparks kaum scheuen mussten. Nichts gegen Spaß im Unterricht, er wirkt sich vermutlich positiv auf den Lerneifer und/oder den Lernerfolg aus. Aber Schule hat auch einen

Bildungsauftrag zu erfüllen und dieser Verpflichtung nachzukommen bedarf es offensichtlich mehr als der Maximierung des Schülerglücks um jeden Preis!

Apropos Dopamin, man sagt diesem Wunderstoff auch eine Festigung des Gelernten im Gehirn nach. Was jedoch von den neurowissenschaftlichen Protagonisten und ihrem Gefolge mehr oder weniger verschämt verschwiegen wird, ist, dass in der Psychologie immer schon die lernfördernde Wirkung von Spaß bzw. positiven Emotionen betont wurde, dazu zumindest benötigt man keine Hirnforschung!

2.2 Was trägt die Neurowissenschaft zur erfolgreichen Gestaltung des Lernens bei?

Ihre Avantgarde, genauer gesagt: die neurowissenschaftlich infizierten Pädagogen, nahmen wie angedeutet anfangs die Forschungsresultate durchweg euphorisch auf. Von einer „neurowissenschaftlichen Herausforderung" und gar einer „neurowissenschaftlichen Revolution" war die Rede. Sicherlich haben die sog. „bildgebenden Verfahren" dazu beigetragen zu glauben, an der Hirnforschung käme kein Lehrer vorbei. Dank der technologischen Entwicklung ist nämlich der „Blick ins Gehirn" möglich geworden, können Aussagen über dessen Funktionsweise gemacht werden und lassen sich entsprechende Aktivitäten bei der Erledigung bestimmter Aufgaben messen. Wesentliche Hinweise zu lebenslangen Lernvorgängen des Gehirns und dessen Umgang mit Informationen liegen vor. Wie Menschen lernen und was dabei im Gehirn vor sich geht sind Fragen, die auf der Grundlage eben dieser modernen Technologie beantwortet werden können. So resümiert der Ulmer Psychiater Manfred Spitzer, dass insbesondere durch die Methoden der funktionellen Bildgebung „ein wirklich tiefes Verständnis der beim Lernen ablaufenden Vorgänge" (2002) erlangt werden kann.

Aber da gibt es auch die andere Seite. Wissenschaftler vor allem aus der Psychologie, die die Hirnforschung, genauer gesagt die sog. „Neurodidaktik", unter dem pädagogischen Verwertungsaspekt in Frage stellen. Wenig Neues habe die Hirnforschung mit Blick auf schulischen Unterricht herausgefunden, allenfalls – so die Bildungsforscherin Elsbeth Stern bissig – dass Lernen im Gehirn stattfinde. Die Produktion derartiger Binsenweisheiten veranlasst die Wissenschaftlerin gar zur Abqualifizierung der sog. „Neuropädagogik" als Pseudowissenschaft. Zahlreiche hirnphysiologische Befunde bestätigten allenfalls schon seit langem vorliegende Ergebnisse der psychologischen Wissenschaften, so heißt es. Hirnforschung sei keineswegs die Grundlagenwissenschaft des Lernens. Kommentare, die weit davon entfernt sind, die von etlichen Pädagogen vertretene Ansicht zu untermauern, der Weg zum Lernerfolg bzw. „besseren Gehirnen" führe nur über die Hirnforschung.

2.2.1 Zur Legenden- und Mythenbildung in „Neuroland": Lernen unter der Dopamindusche

Wie weiter oben bereits angemerkt kommt es im Zuge der Deutung neurowissenschaftlicher Befunde oft zu Über- bzw. Fehlinterpretationen. Anders ausgedrückt: Es bilden sich Neuromythen, deren Charme man sich kaum entziehen kann. So werden dem Dopamin geradezu magische Zauberkräfte in Bezug auf den Lernerfolg attestiert.

Was hat es eigentlich auf sich mit diesem magischen Saft, aus dem pädagogische Träume gemacht werden? Dopamin wird, wie gesehen, bei spaßgeladenen Aktivitäten freigesetzt und gilt bekanntlich deshalb auch als „Wohlfühl-Hormon"; aber es ist auch ein sog. *Neurotransmitter*. Dieser chemische Botenstoff wirkt wie andere (z. B. Serotonin oder Noradrenalin) auf unser seelisches Gleichgewicht ein und wird im sog. *mesolimbischen System* produziert. Dopamin sorgt u. a. für die Übertragung von Informationen von einer Nervenzelle (*Neuron*) zur anderen. Das geschieht dadurch, dass es an diesen Kontaktpunkten zweier Nervenzellen, den *Synapsen*, freigesetzt wird.

Nun weisen Hirnforscher allerdings schon seit längerem dem Dopamin eine neue Rolle zu. War man früher der Meinung, Dopamin sei ein endogener Belohnungsstoff, so vermutet man heute eher, „dass Dopamin selbst kein Belohnungsgefühl vermittelt, sondern nur eine Belohnung durch die hirneigenen Opiate ´in Aussicht stellt`", meint der bekannte Hirnforscher Gerhard Roth aus Bremen (2009). Zu diesen sog. „endogenen Opioiden" oder hirneigenen

„Belohnungsstoffen" zählen *Endorphine, Enkephaline* und *Dynorphine.* Sie belohnen uns, wenn sich etwas ereignet oder unser Gehirn etwas vollbracht hat, das nach seiner Auffassung eine Belohnung verdient hat. Allerdings werden zum Beispiel Endorphine keineswegs nur als Glückshormone gehandelt. Der Körper aktiviert sie auch in Notfallsituationen.

Es scheint jedoch, als herrsche hinsichtlich der wahren Bedeutung dieser „Mutter aller Hormone" selbst unter Forschern eine gewisse Uneinigkeit. Dies ist wohl auch darauf zurückzuführen, dass die Vermutung bezüglich der positiven Effekte dieses Transmitters auf das menschliche Lernen zumeist auf Versuchen an (nichtmenschlichen) Tieren basiert. In diesen Versuchen geht es in erster Linie um Konditionierung, d. h. um den Aufbau von Reaktions-Belohnungsassoziationen. Eine direkte Übertragung auf den Humanbereich wird von Experten oftmals in Frage gestellt.

Darüber hinaus ist zumindest zum jetzigen Zeitpunkt äußerst zweifelhaft, ob sich komplexe Lernprozesse bzw. sinnvolles, wohlorganisiertes und vielfach vernetztes, flexibel anwendbares und daher auch potenziell transferfähiges (auf neue Lernsituationen übertragbares) Wissen mit einer Dopamin-Dröhnung aufbauen lassen. Auch den üblichen Verweisen aus der Ecke der Hirnforschung zum Trotz, die – wie erwähnt – die positiven Effekte eines erhöhten Dopaminausstoßes für das Behalten von Informationen (d. h. für die Festigung neuer Gedächtnisspuren) herausstellen, sieht die genannte renommierte Lern- und Verhaltensforscherin Elsbeth

Stern die Gedächtnisleistung eher in Abhängigkeit von einem (gut) organisierten Vorwissen. Damit verkündet sie eine Erkenntnis, über die die kognitive Psychologie übrigens schon lange verfügt.

Die Kritik des Journalisten Jochen Paulus schließlich zielt auf die bisweilen hypothetische Deutung der Wirkweise des Dopamins durch manche Hirnforscher. Denn immerhin habe dieser Stoff im Nervensystem viele Aufgaben; ob er im jeweils konkreten Fall als hirneigene Belohnung fungiere, sei sicher auch ein Stück weit Spekulation.

2.2.2   Lernen im Alter – geht das?

Wir haben ja weiter oben schon festgestellt, dass Hans natürlich auch solche Sachen lernen kann, auf die er als Hänschen „keinen Bock" hatte! Auch im Alter kann man sich frohgemut ins „Abenteuer Lernen" stürzen. Natürlich wird man wohl kaum am Klavier jene Virtuosität erlangen, über die man verfügt, wenn man schon im frühen Kindesalter angefangen hat, in die Tasten zu hauen. Aber das sollte uns kaum daran hindern, sich auch mit 70+ noch ans Piano zu setzen.

Wie ist denn Lernen im Alter überhaupt möglich? Nun, das hat etwas mit der Plastizität unseres Gehirns zu tun! Unter Plastizität versteht man die Fähigkeit des Gehirns, sich immer wieder aufs Neue veränderten Gegebenheiten anzupassen. Dieser Umstand verweist auf die geistige Flexibilität des Menschen selbst bis ins hohe Alter. Damit ist auch der Neuromythos, bereits bei der Geburt sei der Mensch mit sämtlichen ihm je zur Verfügung stehenden

Gehirnzellen ausgestattet, vom Tisch. So glaubte man nämlich noch vor ca. 50 Jahren, die Plastizität sei nur ein Phänomen des Kinderhirnes. Das heißt, man nahm an, dass die komplette Entwicklung der Gehirnstruktur in die Kindheitsphase fiele, sodass danach kaum mehr Spielraum bestünde für plastische Veränderungen. Derartige Vermutungen standen im engen Zusammenhang mit dem in frühen Jahren zu verzeichnenden enormen Wachstum neuer Synapsen („Synaptogenese"). Inzwischen geht man davon aus, dass das erwachsene Gehirn – jedoch je nach Hirnregion unterschiedlich – nahezu ähnlich formbar ist wie das des Kindes. Wichtig hierbei ist nur, dass man „in Übung" bleibt: „Use it – or lose it" heißt denn auch die Devise, oder anders ausgedrückt: „Was nicht benutzt wird, geht verloren" (Blakemore/Frith 2005). Erlernen wir eine neue Fertigkeit, müssen wir sie – anders als ein Computer, der sie für immer behält – auch regelmäßig ausführen. Welche Bedeutung der ständige Einsatz dieser Fertigkeiten hat und welche Hirnregion hierbei insbesondere gefordert wird, zeigen Experimente mit Taxifahrern in London. Bei diesen hatte man nämlich Aktivitäten im *Hippocampus* (auch Hippokampus, wegen seiner Form auch „Seepferdchen" genannt) festgestellt, während sie eine bestimmte Route beschreiben sollten. Auch war deren Hippocampus – speziell im hinteren Bereich – deutlich größer als bei Nicht-Taxifahrern. Der Hippocampus befindet sich tief im Inneren des Gehirns und ist u. a. auch für die Orientierung und für das Raumgedächtnis zuständig.

Aber nicht nur vom Hippocampus weiß man, dass er bis ins hohe Alter hinein plastisch bleibt. Auch andere neuronale Verbindungen sind nicht starr, sondern können sich in Abhängigkeit von ihrer Anwendung ändern. Dabei findet die Kommunikation, wie oben gesehen, an den Synapsen statt, das bedeutet durch die Weiterleitung chemischer Substanzen von einer Nervenzelle über den synaptischen Spalt hinweg zur nächsten. Man hat festgestellt, dass Neuronen im Verbund mit einer Vielzahl anderer Neuronen, sog. *neuronalen Netzwerken*, aktiv sind. Sie formieren sich zu Gruppen, von denen sich jede auf die Verarbeitung bestimmter Reize spezialisiert. Immer dann, wenn eine Gruppe aktiviert wird, festigt dies die Verbindungen zwischen den Neuronen; durch jede erneute Stimulierung wird somit die Verbindung innerhalb der aktivierten Neuronengruppe allmählich stabiler.

Dieser Prozess wurde Ende der vierziger Jahre des letzten Jahrhunderts bereits von dem kanadischen Neurophysiologen Donald Hebb als Hypothese formuliert, die zusammengefasst lautet: „Wenn ein Neuron ein Signal an ein anderes Neuron sendet und damit dieses zweite Neuron aktiviert, festigt sich die Verbindung zwischen beiden Neuronen. Je mehr ein Neuron andere Neuronen aktiviert, desto fester wird die Verbindung zwischen ihnen" (Blakemore/Frith 2005). Dies wird im Englischen in den kernigen Sinnspruch gegossen: „What fires together, wires together!" Frei übersetzt: „Was zusammen feuert, verbindet sich!"

Jede neue Erfahrung bewirkt eine geringe Veränderung der physischen Struktur des Gehirns. Nach Hebb, der als Erster die These von der erfahrungsabhängigen neuronalen Neuverschaltung aufstellte, nennt man dieses Konzept *Hebbsches Lernen*. Grundlage für dieses Lernen könnte ein Mechanismus sein, den man als *Langzeitpotenzierung* (long-term-potentiation, LTP) bezeichnet. Unter LTP versteht man eine längere Zeit (mehr als eine Stunde) während Verstärkung der Wirkung einer Synapse, die durch eine neuronale Aktivierung verursacht wird. „LTP führt zu einer Festigung der Verbindungen zwischen Neuronen und bewirkt lang anhaltende Veränderungen in den Synapsenverbindungen" (Blakemore/Frith 2005). Man glaubt, dass dieser Mechanismus die Basis des Lernens und der Fähigkeit ist, Erinnerungen dauerhaft zu speichern.

Ziehen wir nun aus den vorliegenden Befunden zur Plastizität des menschlichen Gehirns ein Fazit: Plastizität ist eine „Grundverfassung" unseres Gehirns, sie ist keineswegs auf die Kindheit beschränkt; auch in der Adoleszenz (Jugendzeit) und im Erwachsenenalter kommt es noch zur sog. Feinanpassung durch Erfahrung. Dadurch büßt zwar das Gehirn an Flexibilität ein, jedoch gewinnt es gleichzeitig eine höhere Wirksamkeit und Nachhaltigkeit. Auch im erwachsenen Gehirn können sich noch neue Zellen bilden – das gilt vor allem für den Hippocampus, wie angedeutet eine der wichtigsten Strukturen für das Lernen neuer Sachverhalte (Spitzer 2002) – sowie auch neue synaptische Verbindungen aufgebaut werden. So z. B. im Frontallappen, einer großen Region im Vorderhirn, die für hoch entwickelte kognitive Prozesse wie Planen, Integrieren von Informationen, Emotionskontrolle und Entscheidungskompetenz verantwortlich ist. Hier spielen Erziehung und Unterricht eine wesentliche Rolle. Sie verändern nicht nur den Geist, sondern auch das Gehirn, sie können uns zu seiner Verbesserung verhelfen.

2.2.3   Lernen im Schlaf?

Eine faszinierende Vorstellung! Möglicherweise aber sind damit verbundene Vorstellungen, wie z. B. das Legen von Büchern unter das Kopfkissen oder „Den Seinen gibt`s der Herr im Schlaf", allzu voreilig und unangebracht. So einfach jedenfalls ist es mit dem Lernen im Schlaf nicht getan. Dennoch sind die neurowissenschaftlichen Erkenntnisse zu diesem Thema aufschlussreich. So stellte man fest, dass es nach dem Lernen zu einer weiteren Verarbeitung des zuvor behandelten Stoffes kommt, was zur Konsolidierung der Inhalte im Gedächtnis führt. Und dieser Vorgang der Festigung findet nach Auskunft der Hirnforscher während des Schlafs statt. „Schlaf ist jedoch nicht gleich Schlaf", so Manfred Spitzer (2002). Grob lassen sich zwei Phasen während des Schlafs unterscheiden: die sog. REM-Phase (*Rapid Eye Movements*, das sind schnelle Bewegungen der Augen unter den Lidern) und die Tiefschlaf-Phase. In der REM-Phase ist das Gehirn recht aktiv. Wie nachfolgende Abbildung zeigt, erzeugt dieses häufige Impulse, die jenen im wachen Zustand ähnlich sind. Aber zwischen beiden Gehirnzuständen gibt es Unterschiede: „Während der REM-Phasen sind alle Muskeln des Körpers (außer den Augenmuskeln) erschlafft. In diese REM-Phasen fallen die meisten Träume" (Blakemore/Frith 2006), daher bezeichnet man diese Phase auch als „Traumschlaf". „Das Gehirn ist elektrisch wach, lässt aber nichts hinein (höchste Weckschwelle) und nichts hinaus (geringste Muskelspannung)" (Spitzer 2002).

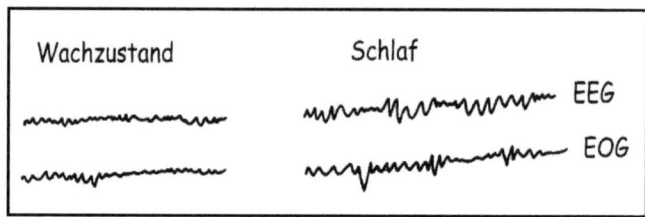

Abb. 2: **Gehirnaktivität im Wachzustand und während des Schlafes; (EEG: Elektroenzephalogramm, EOG: Elektrookulogramm: Aufzeichnung der Augenbewegungen mittels Elektroden; entnommen aus Blakemore/Frith 2005)**

In der Tiefschlafphase sind im Gegensatz zur REM-Phase nur langsame und nicht häufig erzeugte Gehirnimpulse zu verzeichnen; man schläft recht tief. Auch ist jetzt die Muskulatur nicht so entspannt wie in der REM-Phase, was manche Zeitgenossen dazu „motiviert", schlafzuwandeln oder im Schlaf zu reden. Beide Phasen des Schlafs beeinflussen unser Wohlbefinden; sie folgen während der Nacht etwa fünf- bis sechsmal aufeinander.

Für die Beantwortung der Eingangsfrage ist vor allem der Tiefschlaf zu betrachten. Was geschieht während dieser Phase? Hier ist die enge und vielfältige Verbindung zwischen dem Hippocampus und dem Kortex (Gehirnrinde) von Bedeutung. „Wenn nun die gerade gelernten Inhalte im Hippokampus während des nachfolgenden Tiefschlafs erneut aktiviert werden, bewirkt dies für den Kortex praktisch eine erneute Darbietung dieser Inhalte. Anders ausgedrückt: Im Tiefschlaf findet *offline* Nachverarbeitung (*postprocessing*) statt" (Spitzer 2002). Man nimmt – ausgehend von entsprechenden Untersuchungen mit Ratten – an, dass aufgrund der zeitgleich erfolgenden neuronalen Aktivierung im Hippocampus und in der Hirnrinde diese „funktionell verbunden, mithin synchronisiert werden. Dies dient dazu, dass die Gedächtnisspuren vom Hippocampus in den Kortex übertragen werden. Hierdurch werden sie von dem kleinen und flüchtigen Speicher Hippocampus in den großen und sicheren Speicher Kortex überführt" (Spitzer 2002). Ob das dann noch als Lernen zu bezeichnen ist, ist wiederum Definitionssache. Spitzer ist eher der Meinung: „Man kann im Schlaf nichts lernen. Nur Nachverarbeiten, und zwar das, was man zuvor schon gelernt hat" (persönliche Bemerkung). Hierbei fungiert der Hippocampus als „Lehrer des Kortex", indem er das (vorläufig) Gelernte in den Kortex überträgt. „Auf diese Weise lernt der prinzipiell sehr langsam lernende Kortex im Laufe der Zeit alles Wichtige, was zuvor eben im Hippokampus gespeichert worden war" (Spitzer 2002).

Was kann man daraus für das praktische Lernen entnehmen? Blakemore und Frith (2005) zumindest folgern: „Ein Nickerchen steigert die Leistung." Sinnvoll wäre es demnach, statt zwei oder drei unterschiedliche Themen an einem Tag zu bearbeiten, sie besser – mit je einer Nachtruhe dazwischen – auf drei Tage zu verteilen. Am jeweils nächsten Tag sollte man den Inhalt vom Vortage wieder aufgreifen, denn die Leistung ist dann offenbar effizienter. Für das außerschulische, selbstorganisierte Lernen daheim sind dies durchaus sinnvolle Empfehlungen für schlafhygienisch wirksames Lernen. Aber Vorsicht: Bloßes Ausruhen bringt nichts: Nur der Schlaf – so kann man die „Schlaf-Befunde" vorsichtig, wenn auch nicht unwidersprochen deuten – führt offenbar zu einer Optimierung der Informationsverarbeitung.

2.2.4 Die schöne Geschichte von den zwei Gehirnen

Zu Spekulationen und Fehldeutungen hinsichtlich neurowissenschaftlicher Erkenntnisse kommt es nicht selten im Zusammenhang der Frage nach sog. „rechtshirnigem oder linkshirnigem Lernen". Dies hat oftmals polarisierende Diskussionen zur Folge, die letztendlich in die Idee münden, bestimmte „Beigaben" zur Lernleistung stammten *entweder* von der rechten *oder* der linken Hirnhälfte bzw. Hemisphäre. So wird von Nichtfachleuten gerne die Behauptung aufgestellt, die linke Hemisphäre sei für logische, intellektuelle Operationen verantwortlich, hier würden verbale Informationen verschlüsselt. Die rechte Hemisphäre dagegen stelle die kreativ-emotionale Seite dar, wo u. a. die visuellen

18

Informationen kodiert würden. Dies führt in der Folge häufig zu der Annahme, Künstler seien „rechtshirnig"; Mathematik-Lehrern sagt man sogar nach, sie seien „linkshirnig".

Andere Stimmen mahnen, die zunehmende gesellschaftliche „Intellektualisierung" greife auch auf unsere Schulen durch, in denen folgerichtig die Ansprache der linken Hirnhälfte dominiere, während die rechte „verkümmere". Dieses „Horrorszenario" kulminiert, man hatte es schon befürchtet, in der Forderung nach einer Gegensteuerung. *Brain-Gym (Gehirngymnastik)*, so die Vertreter der sog. *EDU-Kinestetik* („Bewegung ist das Tor zum Lernen"), sei der Misere Lösung. Letztere machen eine gestörte Kommunikation zwischen linker und rechter Hirnhälfte für die verschiedensten Lernschwierigkeiten verantwortlich. Sie setzen daher auf Lerngymnastik, bei der es infolge spezieller körperlicher Aktivitäten, welche die Koordination zwischen Körper und Gehirnbereichen begünstigen, zu einer Förderung der Lernfähigkeit kommen soll. Folglich propagieren sie „Hemisphärenintegrationsübungen", auch unter dem Markenzeichen „Brain-Gym" bekannt. Hinter *Brain-Gym*, führt Nicole Becker aus, stecken „gymnastische Übungen, bei denen die ´Mittellinie` des Gehirns überquert werde und somit beide Hirnhälften gezwungen seien, wieder zu interagieren" (2008).

Allerdings gibt es für dieses apokalyptisch gezeichnete Bild unserer schulischen Realität keinerlei neurowissenschaftlichen Beistand. Belege der Hirnforschung jedenfalls durchlöchern die

Annahme von zwei getrennt voneinander agierenden Gehirnhälften und verweisen sie in den Bereich der „Neuromythologie". Denn entsprechende Forschungsarbeiten konnten zeigen, dass sich kognitive Aktivitäten ohnehin in *beiden* Hemisphären abspielen. „In der Tat stellt sich heraus, dass selbst eine hauptsächlich der ´rechten Hemisphäre` zugeschriebene Fähigkeit, wie z. B. das Kodieren räumlicher Relationen, von beiden Gehirnhälften durchgeführt wird – wenn auch auf unterschiedliche Art und Weise", so die OECD (2005). Sicher eignet sich die linke Hemisphäre besser zum Kodieren ´kategorischer` *räumlicher* Beziehungen (zum Beispiel oben/unten oder rechts/links), die rechte Hemisphäre dagegen eher für das Kodieren *metrischer räumlicher* Relationen (zum Beispiel lange/kurze Entfernungen). Dennoch steht fest, dass selbst bei diesen Vorgängen Bereiche beider Hemisphären aktiviert werden und zusammenarbeiten. Die Areale unseres Gehirns sind nur selten isoliert voneinander aktiv; eher weisen sie sich als integriertes System mit Vernetzungscharakter aus.

Ausnahmsweise allerdings ist bei einem medizinisch angezeigten Durchtrennen des *Corpus callosum*, d. h. des Hirnbalkens (er trennt die beiden Hirnhemisphären), aufgrund einer Epilepsie von gesondert arbeitenden Hirnhälften auszugehen. Ein solcher Eingriff ist aber eher die Ausnahme.

Aus der Tatsache, dass es Künstler oder Ingenieure gibt, lässt sich nicht ableiten, dass es sich hierbei um hirnbasierte Charakterzüge wie „rechtshemisphärisch" oder „linkshemisphärisch" handelt. Die Aktivierung verschiedener Hirnbereiche bei kognitiven Prozessen und der Vernetzungscharakter neuronaler Tätigkeiten sollten uns Anlass sein, Abschied zu nehmen von quasi-persönlichkeitsbegründeten Lerntypen wie „Visualisierer" oder „Verbalisierer". Realistischer erscheint da schon die Vermutung, dass sich der Lerner, je nach Lern- bzw. Handlungssituation (z. B. Aufgaben- oder Problemstellung) unterschiedlicher Verarbeitungsweisen bedient.

Die These, Emotionen und kreatives Denken seien rein rechtshirnig, entbehrt auch hirnphysiologisch jeder Grundlage. Das u. a. für emotionale Verhaltenssteuerung und Verhaltensbewertung zuständige limbische System erstreckt sich nämlich ebenso wie der präfrontale Kortex (Stirnhirn), dem kreative, originelle Ideen zugeschrieben werden, über *beide* Hirnhälften.

Halten wir fest: Brain-Gym mag auflockernd und abwechslungsreich sein; zur Förderung der Interaktion zwischen den Gehirnhälften benötigen wir es jedenfalls nicht, die agieren nämlich auch ohne unser Zutun miteinander. EDU-Kinestetik hilft vermutlich in erster Linie den kommerziellen Begierden der Verfasser einschlägiger „Ratgeber-Literatur".

2.2.5   Gehirnjogging fördert die Intelligenz
Ein weiterer Neuromythos beschreibt die positive Wirkung von *Gehirnjogging* auf die Intelligenz. Unternehmen überbieten sich geradezu mit ihren Lobpreisungen auf die – natürlich von ihnen

entwickelten – Denksport- bzw. Gehirnjogging-Spiele. Und es scheint zu funktionieren, das Geschäft jedenfalls boomt. So wird kolportiert, das Lösen von Denksportaufgaben, beispielsweise im Rahmen von Intelligenztests, fördere die allgemeinen geistigen Fähigkeiten (wie Verbesserungen des Gedächtnisses oder des logischen Denkens), steigere die Gehirnleistung (Welche eigentlich genau?) gar um bis zu 40 % und bahne somit den Weg für kommende Lernprozesse. Insbesondere älteren Menschen werden Übungen zur Ertüchtigung des Gehirns empfohlen. Wegen des drohenden geistigen Verfalls, beschworen wird natürlich die Gefahr einer Demenzerkrankung, werden vor allem älteren Menschen Übungen fürs Gehirn nahegelegt. „Wer das Denkorgan wie einen Muskel ertüchtige, der könne den natürlichen Abbau der geistigen Fähigkeiten im Alter aufhalten oder zumindest verzögern. Gerade individuelles Gedächtnistraining helfe dabei, lange geistig fit zu bleiben und im Alltag besser klarzukommen. Selbst das Risiko von Demenzerkrankungen wie Alzheimer, behaupten einige Anbieter, ließe sich durch gezieltes kognitives Training verringern" (Kehse 2024).

Gehirnjogging unterscheidet sich von Brain-Gym dadurch, dass es sich hierbei nicht um körperliche Aktivität, sondern um „kognitive Gymnastik" handelt. Diese, so unterstellen offensichtlich ihre Befürworter, trainiere das Gehirn eben wie einen Muskel, z. B. wie die Armmuskulatur.

Allerdings bleibt die damit verbundene Hoffnung auf eine Intelligenzsteigerung eine Illusion.

„Empirische Ergebnisse sprechen eine klare Sprache: Zwar kann man das Lösen solcher Denksportaufgaben ebenso wie das Lösen von Intelligenztests trainieren. Viele Untersuchungen haben aber gezeigt, dass man dadurch nicht intelligenter wird, sondern eben einfach zu einem Experten für das Lösen von Denksportaufgaben bzw. zu einem Experten für das Lösen von Intelligenztests", betonen Michael Schumacher und Elsbeth Stern (2010). Das Gehirn ist nun mal kein Muskel! Außerdem gibt es widersprüchliche Forschungsergebnisse zu diesem Problemkomplex. Sie weisen im Übrigen Ergebnisse auf, die keineswegs so eindeutig sind, wie dies gerne von den Machern solcher vor allem wohl wirtschaftlich ertragreicher Trainings vermittelt wird. Stern weiter: „Man lernt nur das, was man übt. Wer regelmäßig Kreuzworträtsel löst, verbessert sich vielleicht im Rätsellösen, auf seine Leistungen im Rechnen hat das aber keinen Einfluss. Wer Latein büffelt, lernt Latein, Mathematik ist aber was anderes" (2011).

In jüngerer Zeit allerdings gibt es auch Forschungsergebnisse, die durchaus einen Nutzen von Denksportaufgaben wie z. B. *Sudoku* erkennen. So sprechen wohl einige Befunde dafür, dass ein „aktiver kognitiver Lebensstil" das Risiko einer Demenzerkrankung verringert. Statt sich mit Sudoku, Puzzles oder anderen Denkspielen zu befassen, wäre es indes vielleicht sinnvoller, eine Fremdsprache oder ein Musikinstrument zu erlernen oder sich in ein interessantes wissenschaftliches Gebiet einzuarbeiten. Auch das hält geistig fit und könnte unter

Umständen von größerem praktischem Wert sein! Dennoch bleibt derzeit zweifelhaft, inwieweit kognitive Aktivitäten den mentalen Verfall aufhalten oder sogar rückgängig machen können (Kehse 2024).

Auf jeden Fall erteilen Wissenschaftler aus den Bereichen der Kognitions- und Neurowissenschaften den zumeist völlig überzogenen Verheißungen der Denksportspiele-Anbieter eine klare Abfuhr. „Die Aussagen, mit denen diese für ihre Produkte werben, seien oft übertrieben, bisweilen sogar irreführend und höchst bedenklich, so die Experten. Behauptungen, dass Gehirntraining die Alzheimer-Demenz verhindere oder gar bekämpfe, seien völlig aus der Luft gegriffen" (Kehse 2024).

2.2.6   Weitere Neuroblüten

Latein begünstigt logisches Denken
Latein wird bekanntlich nachgesagt, es fördere das logische Denken. Auch diese Aussage kann in die neurowissenschaftliche Mythologie verbannt werden. Die hier mehrfach zitierte Lernforscherin Elsbeth Stern hat in einer gemeinsam mit dem ehemaligen Lateinlehrer und Pädagogikprofessor Ludwig Haag durchgeführten Längsschnittstudie herausgefunden, dass „sich nicht einmal ansatzweise ein positiver Effekt des Lateinlernens auf das logische Schlussfolgern ... nachweisen (lässt)" (2009). Kognitions- und lernpsychologisch sei dies auch nicht verwunderlich, hätten doch die komplexen Regeln des Lateins mit denen der Logik nichts gemein.

Je höher die Gehirnaktivierung, desto besser die geistige Leistung

Oft ist zu hören, eine umfangreichere Aktivierung des Gehirns oder vieler seiner Areale fördere das Lernen bzw. die geistigen Leistungen. So wird der Rat erteilt, man möge Schüler zu aktivem Musizieren anregen, denn das wirke doch äußerst positiv auf das Lernen und/oder die kognitiven Leistungen. Was für ein Schmarrn! Sowohl neurowissenschaftliche als auch psychologische Untersuchungen ergeben nämlich ein völlig anderes Bild. Nicht auf die Aktivität des Gehirns komme es an, sondern auf ein gut organisiertes Wissen. Intelligente Menschen verfügen im Vergleich zu weniger intelligenten über ein besser strukturiertes Wissen. Ihre Gehirne benötigen bei der Aufgabenbearbeitung weniger Energie, weshalb die Stoffwechselaktivitäten auch geringer sind als bei weniger Intelligenten. Ähnlich verhält es sich in Bezug auf das Vorwissen in einem speziellen Sachgebiet. „Beide Faktoren: Intelligenz und Vorwissen, wirken sich also positiv auf die Effizienz der Informationsverarbeitung im Gehirn aus und gehen gerade mit *geringeren* Stoffwechselaktivitäten einher", berichten Schumacher und Stern (2010). Letztendlich kommt es somit auf den Umfang und auf die intelligente Organisation des Wissens an.

Abschließend sei noch angemerkt: Unser Gehirn ist ständig aktiv, verarbeitet sowohl interne wie externe Reize, und zwar ökonomisch, so Gerhard Roth (2009). Es verbraucht dabei immerhin 20 Prozent unseres Energieumsatzes – für manchen vielleicht ein Anreiz, es endlich mal mit Denken zu probieren. Schwer vorstellbar, dass es irgendwo in den Weiten unserer Gehirnwindungen Regionen gibt, die brachliegen.

Gehirndoping

Lassen sich, wie vielfach populistisch angepriesen, geistige Leistungen per „Lernpille" steigern? Ist etwas dran an den unter den Stichwörtern „Cognitive Enhancement" („Kognitive Verbesserung") oder „Mind Doping" („Geistiges Doping") verkündeten leistungssteigernden Wirkungen im kognitiven Bereich? Sieht vielleicht in Zukunft ein „motivierender Einstieg" im Unterricht so aus, dass wir unseren Schülern zu Beginn einer neuen Lektion einfach eine Pille einwerfen? Und wenn ja, wie gefährlich wäre eine Überdosis? Solche Fragen sind im Moment glücklicherweise noch nicht akut; Schumacher und Stern geben vorerst Entwarnung: Derzeit gibt es „keine wissenschaftlich belegte pharmakologische oder elektrische Intervention, die sich als ´cognitive enhancer` eignen würde."

Die Befundlage ist aber vielfach recht widersprüchlich. Zwar gibt es Hinweise darauf, dass sich die Gabe von *Levodopa* (einem Mittel zur Steigerung des Dopaminspiegels im Gehirn) oder durch elektrische Interventionen (Anlegen von Gleichstrom) unter gewissen Bedingungen einfaches assoziatives Lernen (z. B. Vokabellernen) fördern lässt. Dennoch sollte man sich als Lehrkraft genau überlegen, ob man den Schülern Stromkabel anlegt oder *Levodopa* verabreicht. Denn letzteres (Ähnliches gilt aber auch für das Anlegen von Gleichstrom.) hat eine pädagogisch unerwünschte Nebenwirkung:

Man merkt sich zu viel Belangloses, Irrelevantes oder Irreführendes. Und wenn es ganz schlimm kommt, entwickeln sich sogar Phobien. Mit dem „pädagogischen Eid" ist eine solche Lernhilfe kaum zu vereinbaren. Im Übrigen bestehen erhebliche Zweifel daran, ob sich die leistungssteigernden Eingriffe auch bei *verstehendem Lernen*, wie z. B. dem Erfassen komplexerer Bedeutungszusammenhänge, einstellen. Und dieses sollte doch im Unterricht bzw. beim Lernen generell im Vordergrund stehen.

Kritisch zu bewerten sind darüber hinaus solche unter Laborbedingungen erforschten Effekte insofern, als sie nicht ohne Weiteres auf unser Alltagsleben übertragen werden können. Überdies stehen Langzeitstudien zur Leistungsverbesserung aufgrund möglicher *cognitive enhancer* noch aus. Auch ist zu bedenken, dass es sich bei den Versuchspersonen der entsprechenden Untersuchungen um Erwachsene handelt. Inwiefern die hier erbrachten Ergebnisse auch für schulisches Lernen gelten ist äußerst fraglich.

2.2.7 Sonstige „neuronale" Gerüchte

Macht Denken schlank?

Das könnte man so sagen, allerdings müsste man dann sehr lange und intensiv denken! Denn der Energieverbrauch unseres Gehirns ist relativ konstant, der Großteil der Energie wird dabei durch die sog. "intrinsische Aktivität" – sie betrifft grundlegende Körperfunktionen – in Anspruch genommen. Schätzungen zufolge entfallen auf diese Hirntätigkeit 60 bis 80 % der insgesamt vom Gehirn benötigten Energie. Der genaue Konsum liegt allerdings im Dunkeln, weshalb man auch – mit einem leicht ironischen Gruß an die Astronomen, denen zufolge die Hauptenergieform im Universum aus „dunkler Energie" besteht – von der „dunklen Energie" des Gehirns spricht. Der recht hohe Energiebedarf erklärt sich dadurch, dass unser Gehirn eben unentwegt im Einsatz ist.

Möglicherweise verhindert diese enorme Kaloriennachfrage ja auch, dass für weitere Aktivitäten wie das Lesen nur rund 5 % zusätzliche Energie erübrigt werden können. Das ist nicht viel, um abzunehmen! Zwar bedeutet eine geringere Hirntätigkeit auch einen geringeren Energieverbrauch, allerdings führt selbst eine große geistige Anstrengung dazu, dass nur ca. 100 bis 200 zusätzliche Kalorien verbrannt werden. Der tägliche Energiebedarf unseres Gehirns liegt recht konstant bei 500 Kalorien. Man muss somit 3500 Kalorien verbrennen, um 1 Pfund abzunehmen. Für die Gewichtsreduktion ist auch härtestes Denken kaum geeignet! Sich schlank zu denken ist zumindest ein langwieriges Unterfangen!

Um abzunehmen wäre es daher sinnvoller, eher unsere Muskeln auf Trab zu bringen als unser Gehirn. (Das Gehirn ist bekanntlich kein Muskel, sondern ein Organ.) Und welcher Muskel wäre da besser geeignet als der *Musculus gluteus maximus*, also der *große Gesäßmuskel*. Er gehört zu den größten Muskeln im menschlichen Körper, weshalb er sehr viel Energie verbraucht. Damit das auch auf ziemlich angenehme Weise gelingt, hat uns die Evolution einige schöne

Übungen bereitgestellt. Setzen wir zum Schlankwerden lieber gleich auf „Gesäßjogging" statt auf „Gehirnjogging"!

Geistige Arbeit macht müde – und kann zu Burnout führen

Zu diesem Ergebnis kam kürzlich eine Gruppe französischer Forscher. Demnach bilden sich im sog. „präfrontalen Kortex" (Er befindet sich an der Stirnseite des Gehirns.) bei harter geistiger Arbeit Giftstoffe, zum Beispiel Glutamat. Gewährt man seinen grauen Zellen nicht genügend Pausen, so werden die Toxine nicht abgebaut und können die Funktionsfähigkeit unseres Denkapparates beeinträchtigen; es kann sogar zu einem geistigen Kontrollverlust kommen. Ursache dafür sind nach Meinungen der Forscher hohe Glutamatwerte in den Synapsen des präfrontalen Kortex. Wer eine anstrengende geistige Tätigkeit erbringt, dem wird empfohlen, auf die Signale seines Körpers zu achten und beim Gefühl von Müdigkeit eine Pause einzulegen, wenn möglich sogar ein Nickerchen zu machen! Das hilft, Glutamat abzubauen. Auf keinen Fall sollte man jedoch bei geistiger Erschöpfung wichtige Entscheidungen treffen.

Macht Essen klug?

Es kommt darauf an, was man zu sich nimmt. Der Verzehr von Lebensmitteln, die Omega-3-Fettsäuren enthalten, könnte in der Tat zum Erfolg führen. Denn neben einigen Eigenschaften wie Senkung des Blutdrucks, Hemmung der Blutgerinnung oder Stärkung des Immunsystems bewirken diese

Fettsäuren auch eine Verbesserung der geistigen Leistungsfähigkeit; sie sollen sogar das Nervenwachstum fördern.

Das haben amerikanische Forscher kürzlich herausgefunden. Sie untersuchten das Blut der Testpersonen hinsichtlich der Konzentration der zwei Omega-3-Fettsäuren Docosahexaensäure (DHA) und Eicosapentaensäure (EPA) und stellten einen Zusammenhang zur geistigen Leistung und zur Gehirnfunktion her. Was fanden sie heraus? Bei denjenigen Teilnehmer an der Studie, die erhöhte Werte dieser beiden Fettsäuren im Blut aufwiesen, zeigte der Hippocampus eine größere Ausdehnung. Auch war bei ihnen im Vergleich zu anderen Testteilnehmern eine leicht verbesserte Fähigkeit zum abstrakten Denken feststellbar.

Bei Erwachsenen nun kommt es speziell im Hippocampus, wie gesehen einem wichtigen Zentrum zum Erwerb neuen Wissens und zu seiner Speicherung, zur Herausbildung neuer Nervenzellen. So gehen die Wissenschaftler davon aus, dass durch die Aufnahme einer hinreichend großen Menge von DHA und EPA die geistigen Fähigkeiten im Alter verbessert werden können. Wollen auch wir in diesen Genuss kommen, gehören neben Eiern vor allem fettreiche Fische wie z. B. Thunfisch, Hering, Lachs, Makrele oder Forelle auf den Speiseplan. Das ist allemal der bessere Weg, als auf obskures Gehirndoping zu setzen!

2.2.8 Was bleibt übrig von der „neurowissenschaftlichen Revolution" in der Pädagogik?

Herzlich wenig! Frischen Wind hat sie allem Anschein nach nicht in deutsche Klassenzimmer gebracht. Dazu war der Gegenwind insbesondere aus der psychologischen Ecke wohl zu heftig. Allenfalls hat sie jede Menge Neuro-Blüten in die Höhe schießen lassen.

Dabei klang es doch so vielversprechend, das mit der Spaßpädagogik. Vielleicht aber haben es manche von ihrer eigenen Disziplin frustrierten Pädagogen etwas übertrieben mit ihren spaßlastigen Appellen. Wenn Schule auf das „Leben danach" vorbereiten soll, dann muss man sich fragen: Hat man es denn später auch nur mit einem „spaßbesetzten" Berufsleben zu tun? Wohl kaum! Arbeit tut manchmal weh! Und das darf sie auch. Genau wie Lernen. Ähnlich sieht es Elsbeth Stern: „Zu erleben, dass man sich einem gesetzten Ziel angenähert hat, wirkt bestärkend. Das Lernen selber tut aber erst mal weh, weil ich angenehmere Dinge zurückstellen muss" (2008). Nichts gegen (maßvollen) Spaß im Unterricht, aber man muss ihn sich erst verdienen.

Was bleibt zu tun? Der viel gepriesene goldene Mittelweg scheint auch hier wieder mal Erfolg versprechend. Denn selbst die Neurowissenschaften mahnen zur Balance in Sachen Dopaminspiegel. Ist er nämlich zu gering, kann das zu krankhaften Störungen führen. Ist er zu hoch, ebenfalls. Das klingt nach Spaß *und* Anstrengung, Freud *und* Leid gleichermaßen. Quälen wir also unsere Schüler – nur ein bisschen. Denn nach einem anstrengenden, aber

31

erfolgreichen Lernen fließt der dopaminerge Saft wie von selbst. Auf gut Deutsch: Die Schüler haben Spaß.

Ob das allerdings reicht, künftig vordere Ränge bei PISA einzunehmen ist sehr fraglich. Das hat insbesondere auch mit der schulpraktischen Ausbildung unserer Lehrer zu tun. Denn diese steht meistens noch zu sehr unter dem Einfluss eherner, überholter didaktischer Grundsätze und antiquierter pädagogischer Vorstellungen der Lehrer-Ausbilder. Nichts gegen Ratgeberwissen und praktische Erfahrungen, die von den Ausbildern möglicherweise auch reflektiert werden. Aber was fehlt, ist ein tragfähiger Qualitätsmaßstab, ein verlässliches Kriterium, das zur Beurteilung der eigenen unterrichtlichen Arbeit taugt. Andernfalls besteht die Gefahr, dass man – salopp formuliert – „Ramsch mit Ramsch" vergleicht!

Das alles wird noch verschlimmert durch die zweitgrößte Sünde, deren sich die Kultusadministration schuldig gemacht hat: das Quereinsteigertum! Da werden – aus welchen Berufsbereichen auch immer – eiligst Arbeitssuchende rekrutiert, die vielleicht in ihrem eigentlichen Job nicht Fuß fassen konnten und nun ein vermeintlich gemütliches und sicheres Engagement – möglichst bis zur Rente – im öffentlichen Schulwesen anvisieren. Pädagogische Kenntnisse? Fehlanzeige! Aber darauf kommt es auch nicht an! Hauptsache, die Politik kann auf verbesserte Proportionen zwischen Schüler- und Lehrerschaft verweisen, das allein kann schon gewöhnlich als politischer Erfolg verbucht werden. Und was ist mit der notwendigen unterrichtlichen Kompetenz? Sie wird flugs per pädagogisch-didaktischer „Schnellbleiche" nachgereicht und so sind auch die „Querdenker" – wenn auch eher schlecht als recht – fit gedrillt für den Schulunterricht! Der Verfasser verfügt diesbezüglich leider über jahrelanges Anschauungsmaterial.

Zurück zum Theorie-Praxis-Problem. Losgelöst von den Erkenntnissen der wohl wichtigsten Bezugswissenschaft der Pädagogik, nämlich der Pädagogischen Psychologie, tragen persönliche Lehrerfahrungen kaum zur Professionalisierung unserer Lehrer und damit auch nicht zu einer gehobenen Unterrichtsqualität bei.[1] So wird „rezeptologisches", aber leider unreflektiertes und daher suboptimales Praxiswissen über Generationen von Lehrern hinweg fortgeschrieben. Das ist bedauerlich, denn die Psychologie hat gerade im Bereich der Lehr-Lernprozesse bzw. des Unterrichts einiges zu bieten – weitaus mehr als die Neurowissenschaften! Solange aber das praxislastige und von psychologischen Zutaten unbeleckte *Knowhow* der Lehrerausbilder die methodischen Vorstellungen in den „Zentren für schulpraktische Lehrerausbildung" dominiert, solange dümpeln deutsche Schüler bei PISA auch weiterhin im Mittelmaß dahin!

Welcher Nutzen lässt sich aus den Forschungsergebnissen der Neurowissenschaften für das Lernen ziehen? Ihr Wert erweist sich vor allem im pathologischen Bereich. So bietet sie Erklärungen im Hinblick auf entwicklungsspezifische kognitive

Mängel bzw. kognitive Leistungsstörungen an. Auch zur Entscheidungsfindung bei unterschiedlichen kognitionswissenschaftlichen Erklärungsansätzen können neurowissenschaftliche Ergebnisse herangezogen werden.

Ansonsten aber gebührt in Fragen der Gestaltung von Lehr-Lernprozessen stets der Pädagogischen Psychologie der Vorzug. Zu einem ähnlichen Ergebnis kam vor nunmehr über 20 Jahren wohl auch der amerikanische Neurowissenschaftler Steve Petersen (zitiert in Paulus 2003), als er – inspiriert von den Forschungsarbeiten seiner eigenen Disziplin – die pädagogische Empfehlung aussprach: „Ziehen Sie Ihr Kind nicht in einem Schrank auf, lassen Sie es nicht verhungern, und schlagen Sie es nicht mit einer Bratpfanne auf den Kopf."

3.   Von Hoch- und Minderbegabten

In jeder Familie gibt es mindestens einen Hochbegabten! Den Eindruck kann man schon mal gewinnen, wenn man sich mit bestimmten Leuten unterhält. Fragt man, woran ein Hochbegabter zu erkennen ist, erhält man fast identische Beschreibungen: Der hochbegabte Schüler geht nur widerwillig zur Schule, eckt bei seinen Mitschülern an und wird natürlich von ihnen gemobbt. Seine Noten sind schlecht bis miserabel und er langweilt sich im Unterricht. Dabei ist er doch nur unterfordert. Schuld an dieser Misere sind vor allem die Lehrer, die seine besonderen Fähigkeiten einfach nicht erkennen.

Natürlich habe auch ich im Laufe meiner über dreißigjährigen Lehrerlaufbahn immer wieder mal eine Scharonda oder Mélodie unterrichtet, deren Genie sich mir zunächst nicht erschließen wollte. Aber spätestens beim nächsten Elternsprechtag wurde ich von der Mutter – es waren meistens die Mütter – über diese besondere Gabe ihres Kindes aufgeklärt. Eine Gabe, die ihr übrigens gleich nach der Geburt aufgefallen war! Das Kind sei folglich zu Höherem berufen und keineswegs, wie ich zu glauben wagte, stinkfaul und strohdoof! Offensichtlich eine fatale Fehleinschätzung!

Vielleicht aber auch nicht! Denn Fakt ist, dass es gar nicht so viele „Genies" in unserer Gesellschaft gibt! Legt man nämlich für die Messung von Hochbegabung – wie es in Wissenschaftskreisen zumeist der Fall ist – den Intelligenzquotienten zugrunde und nicht Volkes Meinung, so ergibt sich ein völlig anderes Bild. Denn Intelligenzquotienten sind das Ergebnis von Intelligenztests, die nach Ansicht der meistens Psychologen die geistige Begabung oder das geistige Potenzial am besten widerspiegeln. Im Unterschied zu anderen Definitionen für „Hochbegabung", die oftmals recht vage und auslegungsbedürftige Begriffe verwenden, versichert man sich durch den Rückgriff auf Intelligenztests erprobter und bewährter statistischer Verfahren zur Messung kognitiver Leistungen.

Bevor wir uns der „testgestützten" Hochbegabung zuwenden, wäre ein kurzer Blick auf den Begriff der Intelligenz angebracht. Es gibt viele Definitionen, die sich oftmals im Detail unterscheiden, jedoch in wesentlichen Punkten mehr oder weniger auf das gleiche Phänomen abzielen. Folgende Umschreibung der „Intelligenz" wurde von 52 Forschern formuliert: „Intelligenz ist eine sehr allgemeine geistige Fähigkeit, die unter anderem die Fähigkeiten zum schlussfolgernden Denken, zum Planen, zum Problemlösen, zum abstrakten Denken, zum Verstehen komplexer Ideen, zum raschen Auffassen und zum Lernen aus Erfahrung einschließt." (Gottfredson, zitiert in Gerrig 2018). Ähnliche Fähigkeitsbegriffe sind u. a. „Begabung" und „Talent". *Begabung* bezieht sich auf unterschiedliche Bereiche wie mathematische, räumliche, aber auch soziale oder künstlerische (Musik, Tanzen etc.) Begabungen. Sie spricht eher das Potenzial eines Menschen an, unabhängig von der Frage, ob dieses auch wirklich genutzt wird. Die tatsächliche Verwirklichung der Begabung hingegen wird als *Talent* bezeichnet. Das Talent setzt somit das Begabungspotenzial dauerhaft in beobachtbare Leistungen um (vgl. Stern/Neubauer 2013).

Kommen wir nun zu den (aussagekräftigeren) Grundlagen zur Etikettierung eines Menschen als „hochbegabt", nämlich mittels seines Intelligenzquotienten (IQ). Ohne näher auf die mathematisch-statistische Ermittlung des IQ einzugehen halten wir fest, dass der in Intelligenztests erzielte durchschnittliche Wert von der Mehrheit der Testteilnehmer erreicht wird. Dieser Mittelwert stellt den IQ „100" dar. Wessen Testergebnis unterhalb des Durchschnitts liegt, hat folglich einen geringeren IQ als 100, wer über dem Testmittelwert liegt, verfügt entsprechend über einen IQ, der größer als 100 ist. Dabei geht man in den IQ-Tests davon aus, dass die

Intelligenzwerte bzw. IQs gleichmäßig um den Mittelwert von 100 herum verteilt sind. In der Statistik spricht man auch von einer Normalverteilung (der Intelligenzwerte), was gleichbedeutend mit einer symmetrischen Anordnung der Daten, also hier der Intelligenzwerte um einen Mittelwert ist. Die Normalverteilung liegt immer bei großen Stichproben vor, sie ist nicht nur bei psychologischen Merkmalen wie Intelligenz zu beobachten, sondern z. B. auch bei der Körpergröße oder dem Körpergewicht.

Stellt man die IQs und die entsprechenden Häufigkeiten ihres Auftretens in der Testgruppe grafisch dar, so ergibt sich ein glockenmäßiger Verlauf. Daher bezeichnet man die so dargestellte Intelligenzverteilung auch als „Glockenkurve". Der höchste Punkt der Glocke, der Scheitelpunkt, repräsentiert die Zahl der Getesteten, deren Ergebnis dem Mittelwert entspricht; das ist, wie erwähnt, das Gros der Testteilnehmer (vgl. Abbildung 3):

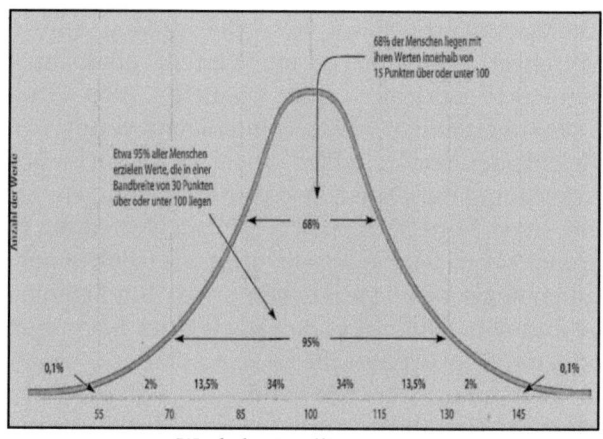

Wechsler-Intelligenzwerte

Abb. 3: Normalverteilung der Intelligenzwerte am Beispiel des sog. „Wechsler-Intelligenztests", der vom amerikanischen Psychologen David Wechsler entwickelt wurde (vgl. Myers 2014).

In Zahlen ausgedrückt lässt sich diese Normalverteilung wie folgt lesen: Der Großteil der Bevölkerung hat einen IQ von ca. 85 bis 115 (auch als „Durchschnittsbereich" bezeichnet), das sind rund 68 %, jeweils 34 % unter- und oberhalb des Mittelwertes. Einen IQ von 70 bis 85 haben knapp 14 % der Gesamtheit, während zur anderen Seite hin knapp 14 % einen IQ von 115 bis 130 aufweisen. D. h., rund 95 % der Bevölkerung kommen auf Werte, die in einem Bereich zwischen 30 Punkten unterhalb bzw. oberhalb von 100 liegen. Nur etwa 2,5 % haben einen IQ von unter 70, während oberhalb von 130 ebenfalls nur noch ungefähr 2,5 % der Allgemeinheit liegen.

38

Und hier nun schlägt die Stunde der Hochbegabten, denn diese verfügen über einen IQ von mindestens 130. Sie gehören zu der recht kleinen Gruppe von knapp 2,5 % einer Population, sie lassen somit ca. 97,5 % dieser Gruppe „hinter sich"! Die Mehrzahl der Bevölkerung, nämlich ca. 95 %, weist dagegen einen IQ zwischen 70 und 130 auf.

Die Hochbegabten werden noch getoppt von den Höchstbegabten mit einem IQ von 145 und mehr. Letztere werden in einer etwas differenzierteren Abstufung als „sehr hochbegabt" bezeichnet, während nach derselben Einteilung Menschen mit einem IQ von 160 und höher als „äußerst hochbegabt" und solche mit einem IQ von 170 und mehr als „genial hochbegabt" gelten (Woolfolk 2014). Wie gut, dass die meisten Eltern davon nichts wissen, sonst müssten sich Lehrer vermutlich nur noch mit „genial hochbegabten" Schülerinnen und Schülern herumschlagen!

Ob Neid und Missgunst eine Rolle spielt oder ob etwas Wahres daran ist, bleibt fraglich, aber: Über Hochbegabte kursieren einige absonderliche Gerüchte. So wird nicht selten angenommen, sie seien auf allen Gebieten „kleine Genies". Das gilt jedoch nicht grundsätzlich, da sie meist „nur" über besondere Begabungen auf ganz bestimmten Gebieten verfügen, z. B. in Mathematik oder Musik. Auch sagt man ihnen nach, sie seien „Musterschüler", was aber ebenso falsch ist. Auch Hochbegabte müssen die nötige Motivation bzw. Bereitschaft zum Lernen mitbringen, ansonsten läuft ihre besondere Fähigkeit ins Leere.

Hochbegabte, so heißt es oft, seien „komische" oder sozial auffällige Zeitgenossen. Viele von ihnen seien „Eigenbrötler", denen gewisse emotionale oder soziale Kompetenzen fehlten. Hierfür gibt es allerdings ebenso wenig wissenschaftlich haltbare Befunde wie für die Behauptung, Menschen mit extrem hoher Intelligenz seien autistisch veranlagt.

Wissenschaftlich gesicherte Erkenntnisse gibt es allerdings für den Zusammenhang von (besonderer) Intelligenz und der Gesundheit von Menschen. So lässt sich grundsätzlich feststellen, dass intellektuell höher Angesiedelte gesünder sind als andere, dass diese Gesundheit länger anhält, dass sie seltener krank werden und (daher) auch eine höhere Lebenserwartung haben als ihre Mitmenschen. Ebenso gibt es Studien, die darauf hinweisen, dass sich Intelligenz insbesondere auf ökonomische Entscheidungen positiv auswirkt, sodass angenommen werden kann, dass diese besonders Begabten eine insgesamt höhere Lebensqualität verbuchen können.

Nun wurde allerdings in einer schon etwas länger zurückliegenden amerikanischen Studie festgestellt, dass vor allem hochbegabte Mädchen oft unter Depression litten und über soziale und emotionale Probleme klagten. Auch von Langeweile und Frustration wurde berichtet sowie von sozialer Ausgrenzung bzw. Isolation. Da sich Hochbegabte überdies sprachlich gewählt auszudrücken vermögen, erwecken sie bisweilen den Eindruck von Arroganz bzw. Überheblichkeit, umgeben von einem Hauch von Snobismus.

Dennoch scheinen alles in allem hoch- und höchstbegabte Menschen ein erfülltes und erfolgreiches Leben zu führen – trotz der ihnen von einigen Leuten zugeschriebenen Rolle als vermeintliche Sonderlinge. Kein Wunder, dass so mancher neiderfüllt auf seine hochbegabten Mitmenschen blinzelt. Muss man sich nun als „intellektueller Normalo" in sein geistiges Schicksal fügen und die Hoffnung auf ein besseres Dasein begraben? Mitnichten! Denn der Intelligenz- und Begabungsforscher Detlef Rost macht uns Hoffnung, vertritt er doch die Ansicht, dass man seine kognitive Leistungsfähigkeit pro Schuljahr um rund 4 bis 5 IQ-Punkte steigern könne. Was heißt das für Scharonda und Mélodie? Nun, wenn sie nur oft genug ein Schuljahr wiederholen, könnten auch sie bald den Status der Hochbegabung erlangen!

4.   Der seinen Namen tanzt –
Hanging around **in „Waldorf"**

Der Name „Waldorfschule" suggeriert ländliche Idylle und beschauliches Flair. Schon hier aber erliegt man einer trügerischen Assoziation: Nicht Wald oder kontemplative Abgeschiedenheit eines Provinzdorfes waren namensgebend; vielmehr verneigt sich Rudolf Steiner, der ideologische Ahnherr der Waldorf-pädagogik, mit dieser Firmierung vor dem (Mit-)Finanzier der ersten Waldorfschule in Stuttgart, dem Direktor der Waldorf-Astoria Zigarettenfabrik, Emil Molt. Seine betrieblichen Gebäude bildeten die erste Behausung der besagten Bildungsanstalt.

Es gibt wohl kaum eine pädagogische Einrichtung, die zu so wundersamen Erzählungen und reichhaltiger Polemik anregt wie die Waldorfschule. Von Ponyhof-Atmosphäre hört man bisweilen; auch Hanni und Nanni lassen grüßen. Musisch Interessierten – aber nicht unbedingt Begabten – soll sie einen veritablen künstlerischen Tummelplatz bieten. Schule ohne Noten- und Konkurrenzdruck und ohne „Wiederholungsgefahr" – welche Schülerin, welcher Schüler wird da nicht schwach? Zahlreiche Prominente wie Sarah Wiener, Martin Semmelrogge, Wotan Wilke Möhring, Rainer Werner Fassbinder, Ferdinand Porsche, Heiner Lauterbach, Sandra Bullock oder Jennifer Aniston jedenfalls nahmen sich das schon vor Jahren von Roberto Blanco intonierte Lebensmotto „Ein bißchen Spaß muss sein" zu Herzen und zeigten sich anfällig für einen Unterricht, der nicht wehtut – und genossen das *Laissez faire* einer Schulsorte der besonderen Art. Solange diese nicht im Verdacht steht, von ihren Absolventen gar „ernsthaftes" Lernen zu verlangen, übt sie auf so manchen sicherlich einen unwiderstehlichen Reiz aus. Denn wer möchte sich nicht auch einmal dem diskreten Charme süßen Lustwandelns in holzgeschwängerter, farbenfroher und harmonisch komponierter Architektur ohne Reue hingeben? Wie gut, dass die neuzeitliche Erkrankung *Leisure Sickness*, also „Freizeit-krankheit", damals noch nicht in der Gebühren-ordnung für Ärzte stand!

Fast zwangsläufig schlägt sich die Vorliebe für dieses schulische Refugium auch in der Statistik nieder: Der Hang zum Rumhängen und damit auch die Zahl der Waldorfschulen in Deutschland steigt gerade in den letzten Jahren sprunghaft an. Laut dem Bund der Freien Waldorfschulen sind es in 2024 (Stand: Januar) stolze 255 Bildungsanstalten; weltweit beträgt die Zahl 1283.[2] Darüber hinaus gibt es außerhalb Deutschlands mehr als 1900 Waldorfkindergärten. Was könnte die Ursache sein für diese offensichtlich stetig steigende Nachfrage nach einem Lernen im Dreivierteltakt?

Weltanschauliche Grundlegung

Die Waldorfpädagogik fußt ideologisch auf Rudolf Steiners (1861-1925) sog. „Geisteswissenschaft", die von ihm als „Anthroposophie", als „Weisheit vom Menschen", bezeichnet wurde. Sie ist übrigens nicht zu verwechseln mit der von Wilhelm Dilthey als „verstehende" Geisteswissenschaften gegen die „erklärenden" Naturwissenschaften in Stellung gebrachte Disziplin. Einerseits ist sie auf die Erforschung der real-geistigen Welt des Menschen gerichtet, andererseits möchte sie die hierfür erforderliche Fähigkeit im Menschen entwickeln und fördern. Steiners Anthroposophie lässt sich somit als eine spirituelle, esoterische und mit okkulten Elementen angereicherte „Wesensschau" des Menschen begreifen.

Aber nicht nur das sollte Steiners Lehre sein, sondern gleichzeitig auch eine methodische Anleitung zur Erforschung des Übersinnlichen, des Geistigen. Dieses – so glaubte er – sei weder durch naturwissenschaftliche Methodik noch durch profane Mystik hinreichend erkennbar. Er plädierte stattdessen für eine von ihm entwickelte geistigübersinnliche Sichtweise, die erst den Umweg über die Kräfte der „erkennenden Seele" nehmen muss, um in die Sphären der transzendentalen, irrealen, imaginären Welt einzudringen. *Jeder* – und das macht das „Demokratische" seines Erkenntnismodells aus – könne durch geeignete Techniken „höhere", jenseitige Welten für sich erfahrbar machen. Dabei verlieh der anthroposophische Guru seinem Erkenntnisweg – in angemessener Bescheidenheit – einen wissenschaftlichen Anstrich. Aber genau dieser selbstformulierte Anspruch und sein auf transzendentes, jenseitige Wesenheiten und Phänomene zielendes Ideengebäude war Zielpunkt teils heftiger Kritik. Dazu später mehr.

Es kann und soll hier nicht das Ziel sein, Steiners *Opus Magnum* auch nur annähernd in seiner vollen Tiefe zu ergründen. Immerhin enthält sein Lebenswerk neben zahlreichen Schriften rund 6000 Vorträge. Aber auch wenn man sich nicht zu einer umfassenden Rezension seiner Arbeiten berufen fühlt, soll zumindest aspektisch auf einige Inhalte seiner Anthroposophie eingegangen werden, um die hieran anknüpfende Waldorfpädagogik in aller Kürze zu beleuchten. Dabei ist letztere nur *ein* Bereich, in dem Steiners Philosophie nutzbar zu machen versucht wurde; auch die Medizin, die Architektur, die Kunst, die Psychiatrie oder auch die landwirtschaftliche Erzeugung (Stichwort „Demeter") wurden von seinen erdfernen Spekulationen befruchtet.

Steiners Entwicklungstheorie

Wie nun stellt sich Rudolf Steiner die Entwicklung des Menschen vor? Das „Wesen" des Menschen gliedert er in vier „Wesensglieder": In den ersten sieben Jahren bildet sich der *physische Leib* aus. Er besteht aus anorganisch-mineralischer Substanz und kann aufgrund dieser stofflichen Zugehörigkeit naturwissenschaftlich erforscht werden. Im genannten Zeitraum lernt das Kind bis ungefähr zum Zahnwechsel allein durch Imitation.

Vom 7. bis zum 14. Lebensjahr entwickelt sich das zweite Wesensglied, der *Äther-* oder *Lebensleib.* „Er bewirkt, daß die Stoffe und Kräfte des physischen Leibes sich zu den Erscheinungen des Wachstums, der Fortpflanzung, der inneren Bewegung der Säfte usw. gestalten" (Steiner 1981). In dieser Phase fordert Steiner eine intensive pädagogische Zuwendung.

Den dritten Entwicklungsabschnitt (vom 14. bis zum 21. Lebensalter) nennt der Anthroposoph *Empfindungs-* bzw. *Astralleib.* In ihm erfährt der Heranwachsende Schmerz, Lust, Trieb, Begierde und Leidenschaft. Darüber hinaus vollzieht sich aber auch in ihm das Denken, Abstrahieren und Theoretisieren.

Als vierte Wesenheit schließlich entfaltet sich ab dem 21. Lebensjahr der „Träger der höheren Menschenseele", der *Ich-Leib.* Während der erste Leib mit den Mineralien „verwandt" ist, der zweite mit den Pflanzen und der dritte mit den Tieren, so stellt sich dieser vierte Leib als einzigartig dar. Erst dieser ermöglicht dem Individuum, sich wertend gegenüber seinen Begierden und Lüsten zu verhalten und ihnen zu entsagen. Offensichtlich sieht Steiner in diesem triebgebändigten Wesenszug das (ethisch-moralische) Ideal der menschlichen Gattung. So entwickelt sich der Mensch über die pädagogisch angeleiteten Tätigkeiten der Nachahmung (1. – 7. Lebensjahr), der Nachfolge (7. – 14. Lebensjahr), des Denkens (14. – 21. Lebensjahr) und vermittels der Weisheit (ab dem 21. Lebensjahr) zum – offensichtlich selbstständigen – Individuum oder zu dem, wofür in der Pädagogik der bisweilen Begriff der „mündigen Persönlichkeit" herhalten muss (vgl. Steiner 1981).

Charakteristika der Waldorfschulen

Unabhängig von den je eigenen Ausprägungen und Adaptionen anthroposophischen Gedankengutes lässt sich doch ein allen Waldorfschulen gemeinsamer Merkmals- und Wertekanon ausmachen, der dem (ganzheitlichen) Gedanken der „Lebenseinheit" von Leib, Seele und Geist im Prozess der Erziehung verpflichtet ist:

> Die Waldorfschulen orientieren sich in ihrer Bildungsarbeit am „erziehenden Unterricht" gemäß den Vorstellungen von Johann Friedrich Herbart. Dieser ging von der Annahme aus, dass sich jeder Mensch seinen individuellen Möglichkeiten und Grenzen entsprechend entfaltet und reift, um so die Fähigkeiten zu erwerben, einen Beitrag zur eigenen Persönlichkeitsbildung wie auch zur gesellschaftlichen Entwicklung zu leisten. Diesen Kompetenzen ist der Lehr-Lernprozess verpflichtet.

Als ein „Markenzeichen" der Waldorfpädagogik lässt sich die „Kindzentriertheit" herausheben: Der

Geist des Kindeswohls schwebt als personifizierter Schutzengel des anthroposophischen Glaubens über allem. Die Orientierung am Kind äußert sich in der Betonung der „freien Entfaltung" der (individuellen) Persönlichkeit, die entsprechend auch eine individuelle Betreuung und Fürsorge erfordert. Es handelt sich hierbei allerdings um ein Merkmal, dessen Urheberschaft Steiner und seine Anhänger keineswegs für sich beanspruchen können, obwohl gerade dieser Eindruck gerne von Waldorf-Sympathisanten vermittelt wird.

Eine „Pädagogik vom Kinde her", die die Waldorf-Philosophie reflektiert, wurde bereits viel früher, nämlich von Pädagogen wie Comenius, Rousseau und Pestalozzi propagiert. Und natürlich darf auch die italienische Ärztin und Pädagogin Maria Montessori, eine Zeitgenossin Steiners, nicht unerwähnt bleiben, die in der nach ihr benannten *Montessori-Pädagogik* das Kind bzw. den Jugendlichen ins Zentrum erzieherischer Bemühungen stellt. Insbesondere soll dem kindlichen Bedürfnis nach Selbstbestimmung und Unabhängigkeit entsprochen werden. Aber ist das etwas grundsätzlich Neues? Hat eine verantwortungsvolle pädagogische bzw. erzieherische Arbeit nicht schon immer „vom Kinde her" gedacht und auf die Entwicklung einer „selbstbestimmten Persönlichkeit" hin ausgerichtet?

> Im Lehr-Lernprozess soll der Lehrer weniger die Rolle des „Wissensvermittlers" als vielmehr die eines „(Erziehungs-)Künstlers" einnehmen – wie auch immer das zu verstehen sein mag. Die Vermittlung von *Wissen* steht denn auch offensichtlich weniger im

Fokus der Waldorfschulen als die „ganzheitliche" Erziehung zu selbstbewussten Individuen. Dabei kann der bedeutungsträchtige Begriff „ganzheitlich" natürlich recht kreativ ausgelegt werden, was den kritischen Zugriff auf diesen pädagogischen Terminus nicht einfacher macht. So lässt sich „ganzheitlich" beispielsweise verstehen als Lernen mit „Kopf, Herz und Hand", somit als Lernen, das die kognitive, affektive und psychomotorische Dimension berücksichtigt bzw. als Lernen im Dreiklang von Denken, Fühlen und Wollen. Oder man begreift letzteres als ein praktisches und fächerübergreifendes Lehren und Lernen. Schließlich bezieht sich „ganzheitlich" auf ein Denken und Handeln in *vollständigen Akten* und meint damit die Phasen der Zielsetzung, der Planung, der Durchführung und der Kontrolle bzw. Bewertung des (inneren und äußeren) Tuns bzw. Lernhandelns.

> Als besonderes Merkmal der Waldorfschule gilt die *Eurythmie*. Es handelt sich dabei um eine Methode (die im Übrigen ohne Bezug zur grundlegenden Anthroposophie nicht denkbar ist), bei der Musik, Sprache, Rhythmus und Melodie mit Leibesübungen verbunden werden. Anders ausgedrückt soll die von Steiner entwickelte (ganzheitliche) Kunstform dazu dienen, Sprache und Musik in körperliche Bewegungen umzusetzen und Körperlichkeit und Geist in einen harmonischen Gleichklang zu bringen. Darüber hinaus zielt diese spirituelle Tanzform darauf, die Begegnung des Menschen mit einer übersinnlichen, vergeistigten Welt zu ermöglichen.

> Das Gros der Unterrichtsfächer wird im sog. Epochenunterricht erteilt. Das bedeutet, dass pro Tag mindestens eine Doppelstunde für ein bestimmtes Thema vorgesehen ist. Davon ausgenommen sind allerdings Musik, Handarbeit und Fremdsprachen.

> Bereits ab der ersten Klasse erhalten die Schülerinnen und Schüler Unterricht in einer Fremdsprache in Form des Imitationslernens.

> Zudem besteht – wie gesehen – kein Leistungs- bzw. Konkurrenzdruck durch Notengebung oder Selektion, in der Regel zumindest nicht bis zur Oberstufe. Auslese wird ersetzt durch gezielte (individuelle) Förderung der Schülerinnen und Schüler, durch Binnendifferenzierung und durch ein lerndiagnostisches Beratungswesen. So können die kleinen Racker in abgeschirmter und weltentrückter Atmosphäre zwanglos der eigenen lustbesetzten Entfaltung frönen.

> Für die ersten acht Jahre gilt das Klassen- lehrerprinzip, danach das Fachlehrerprinzip.

> Einen unterrichtlichen Schwerpunkt bilden künstlerische, handwerkliche und technologische Fächer. Dabei ermöglichen sie einen Ausgleich von mangelhaften oder defizitären Leistungen im kognitiven Lernbereich! Ein weiser, voraus- schauender Steinerscher Schachzug! Denn man will ja, dass auch intellektuelle Randgruppen den gehobenen Anforderungen Waldorfscher Pädagogik genügen. Und das tun sie auch!

> Als ein weiteres charakteristische Merkmal der Waldorfpädagogik hebt der Bund der Freien Waldorfschulen die Selbstständigkeit der

Schülerinnen und Schüler beim Lernprozess hervor (vgl. dazu auch Kapitel 7).

> Nicht unerwähnt bleiben soll, dass den Schülerinnen und Schülern an Waldorfschulen sämtliche in dem betreffenden Bundesland angebotenen Schulabschlüsse ebenfalls ermöglicht werden. Somit können sich die Absolventen der Waldorfschulen in der Regel den Prüfungen für die Abschlüsse der Sekundarstufe I (Haupt- und Realschulabschluss) und der Sekundarstufe II (Abitur) unterziehen. Auch kann der schulische Teil der Fachhochschulreife grundsätzlich erworben werden.

Kritik der theoretischen Grundlage der Waldorfpädagogik

Von einer „Theorie" im Zusammenhang mit Rudolf Steiners Anthroposophie zu sprechen ist recht kühn. Eher handelt es sich bei diesen in einen mystisch-düsteren Siebener-Rhythmus gepressten wilden Spekulationen um esoterisch-abgehobene Ergüsse eines von transzendenten (Wahn-)Vorstellungen ergriffenen Wanderers zwischen den Welten. Dabei, so scheint es, wirkten die übersinnlichen Dispositionen des Meisters wie eine geistige Zwangsjacke, die er nie ablegen konnte. Bedenklich erscheint auch eine von Biographen bei Rudolf Steiner festgestellte „tiefe geistige Zäsur", die sich um die Wende zum 20. Jahrhundert ereignet haben soll und die ihn nebenbei auch zu einer Neubewertung des Christentums veranlasste.

Das erinnert in fataler Weise an den Heiligen Paulus, den man vor seiner religiösen Erweckung auch Saulus nannte und der zunächst ein fanatischer jüdischer Christenverfolger war, bevor er uns seine abscheulich-blutrünstige *Christologie* bescherte (vgl. Beyen 2023). Auch bei ihm wurde ein Schnitt in seiner Lebensausrichtung konstatiert. Erst später, nicht zuletzt bedingt durch neurowissenschaftliche Errungenschaften, brachte man diesen biografischen Bruch mit einer Hirnläsion aufgrund einer Verletzung, eines Schlaganfalls oder eines epileptischen Anfalls in Verbindung (Roth 2009). Möglicherweise lassen sich die vermutlich tiefgreifende Persönlichkeitsveränderung des Anthroposophen und seine damit verbundenen „Offenbarungserlebnisse" in einen pathologischen Zusammenhang bringen. Das allerdings wäre nicht ohne Brisanz für all die „Anwendungs-anthroposophien", d. h. jene oben genannten Bereiche, die sich explizit Steiners Anthroposophie auf ihre Fahnen geschrieben haben.

Wie auch immer man seine Weltanschauung einzuordnen gedenkt, den Anspruch auf *Wissenschaftlichkeit* kann sie nicht einlösen! Seine Anthroposophie sollte offensichtlich unumstößlich gelten und an seiner Glaubwürdigkeit bzw. seinem Wahrheitsanspruch sollten keinerlei Zweifel aufkommen. Diese Haltung aber entspricht nicht dem „Goldstandard" der wissenschaftlichen Forschung, wie sie heute gemäß den Regeln des vom Wissenschaftstheoretiker Karl Popper konzipierten *kritischen Rationalismus* vorzugsweise betrieben wird.

Demnach soll der Wissenschaftler nicht – wie es vor Poppers „revolutionären" Thesen Usus war – versuchen, seine Theorie oder seine Hypothesen zu „verifizieren" („bewahrheiten"), um sie *endgültig* zu beweisen und gegen Kritik von außen abzusichern bzw. zu immunisieren. Vielmehr sollte er seine Ideen stets der kritischen Prüfung aussetzen!

Das aber dürfte kaum im Interesse Rudolf Steiners gelegen haben. Denn dass der Mensch an sich fehlbar ist, sich irren kann, wie es Popper postulierte, hatte er – zumindest was seine eigene Person anging – nicht verinnerlicht. Die „Idee der kritischen Prüfung" indes bestreitet absolut sichere Erkenntnisquellen, lehnt Unfehlbarkeitsforderungen ab und stellt eine grundsätzliche „Irrtumsanfälligkeit" des Menschen in Rechnung. Alle Erkenntnisse oder Überzeugungen sind nur vorläufig, eine Wahrheitsgarantie gibt es nicht!

Poppers „Kritizismus" findet seinen wohl stärksten Ausdruck in seiner Forderung, eine wissenschaftliche Theorie müsse widerlegt werden, also an der Erfahrung scheitern können. Das verbirgt sich hinter dem Wissenschaftskriterium der „Falsifizierbarkeit": Nur wenn ein Aussagengerüst, eine Theorie sich widerlegen lässt, hat sie wissenschaftlichen Wert. Das ist eine völlig neue Strategie des Zuwachses an Erkenntnis. Ob man die „Wahrheit" je erreichen wird, ist zunächst einmal irrelevant. Wichtiger erscheint, dass man sich ihr annähert. Und das geschieht dadurch, dass man eine Theorie immer wieder dem Scheitern an der Realität aussetzt. Je häufiger nun die Theorie diese

„Realitätsprüfungen" besteht, je öfter die Widerlegungsversuche ins Leere laufen, desto mehr hat sie sich bewährt und nähert sich dem, was als „Wahrheit" bezeichnet wird, aber – wie gesagt – vielleicht nie als solche erkannt werden kann.

Eine derartige bescheidene, zurückhaltende und fast schon demütige wissenschaftliche Einstellung ist in Rudolf Steiners Werken allerdings nicht erkennbar. Stattdessen gab er sich als geheimnisumwobener Okkultist, als metaphysisch angehauchter Magier, der denjenigen – aber auch nur diesen –, die ihm folgten, den Weg in eine höhere geistige Welt weisen konnte.

Rudolf Steiner war ein Pseudogelehrter und seine mystisch verkabelten Werke sind den Nachweis wissenschaftlicher Redlichkeit schuldig geblieben. Eher bedienen sie ähnliches Sinnverlangen wie der religiöse Glauben. Die Anthroposophie Steiners ist weder intersubjektiv noch empirisch nachprüfbar oder nachvollziehbar. Seine Pädagogik ist banal und wenig originell. Das schien auch der Meister selbst gespürt zu haben und so unterfütterte er sie reichlich mit esoterischem Sprachbrei. Rudolf Steiner war bestenfalls der *supranatural* erleuchtete Fährmann, der seine Jünger in transzendentale Sphären zu hieven vorgab und ihnen hiermit den Weg zur vermeintlichen Selbst- und Welterkenntnis ebnete. Das Transportmittel hierzu lieferte der Großmeister höchstpersönlich in Gestalt einer auf Selbstanwendung beruhenden und von ihm moderierten geistgetrübten Weltenschau.

Kritik der Waldorfschulen

Was ist von den praktischen „Ablegern" zu erwarten, wenn schon die „anthroposophische Mutter" nicht der kritischen Betrachtung standhält? Werfen wir deshalb einen kursorischen Blick auf das Innenleben der Waldorfanstalten und die für viele von ihnen typischen Merkmale.

> Die *eurythmische Kunst* fungiert als Bindeglied zwischen dem sinnlichen und metaphysischen Kosmos, da sie das Körperliche, Seelische und Geistige gleichermaßen zu schulen vermag. Sie ist aber, so wird von Waldorfpädagogen immer wieder herausgestellt, ohne die ihr zugrundeliegende Anthroposophie Steiners nicht denkbar. Folglich unterliegt auch sie dem Vorwurf einer unwissenschaftlichen Methode, die darauf gerichtet ist, sich Erkenntnisse über „höhere Welten" zu verschaffen. Natürlich lassen sich diese „eurythmischen" Versprechungen nachweisbar nicht einlösen; andererseits nehmen diese künstlerischen Veranstaltungen doch recht viel Zeit in Anspruch, die man sicherlich an anderer Stelle weitaus sinnreicher nutzen könnte.

> Dies wäre beispielsweise in anderen Fächern durch Aufbau von *begrifflichem Wissen* möglich. Denn die Bildung von Begriffen oder Schemata ist *die* zentrale Aufgabe eines Lehrers, schließlich stellen sie die „Bausteine des Lernens" (Gerhard Steiner 2007) dar. Dies gilt umso mehr für eine „Wissensgesellschaft" wie der unseren. Wenn aber, wie in Waldorfschulen, viel Zeit auf künstlerische,

handwerkliche und technologische Unterrichtsfächer entfällt, so geht dies zu Lasten kognitiver Lern- bzw. Themenbereiche. Und wenn dann noch unzureichende Leistungen in diesen Domänen durch bessere Noten in den musisch-künstlerischen oder handwerklichen Fächern wie Singen, Tanzen, Malen, Basteln oder Häkeln und Stricken ausgeglichen werden können, wird nur allzu deutlich, welchen geringen Stellenwert man offenkundig den „Denkfächern" zugesteht.

> Da die Zusammensetzung der Schülerschaft einer Klasse i. d. R. bis Klasse 8 oder 9 unverändert bleibt und auch der jeweilige Lehrer für diese Zeit derselbe ist, könnte es natürlich Probleme geben, sowohl was die nahtlose Eingliederung eines Kindes in die soziale Gemeinschaft angeht als auch in Bezug auf sein Verhältnis zur Lehrperson.

> Als ein wesentlicher Kritikpunkt muss die (dürftige) Ausbildung der Lehrkräfte angesehen werden: Ein klassisches (Lehramts-)Studium ist nämlich nicht erforderlich. Was die *fachliche* Qualifikation angeht, mag das nicht unbedingt ein Nachteil sein. Jedoch ist es mehr als bedenklich, wenn ein Schulpädagoge nicht über annähernd hinreichende pädagogisch-didaktische Kompetenzen, geschweige denn über Kenntnisse der Lehr-Lernforschung verfügt. Bereits die seminarmäßig-praktische Professionalisierung der Lehrkräfte an Regelschulen weist ja – wie oben vermerkt – diesbezüglich erhebliche Defizite auf. Ob letztere im Selbststudium vermieden werden können, ist zumindest fraglich.

Indes soll der Lehrer – so hörten wir – in erster Linie „Erziehungs*künstler*" sein. Wenn man sich dann allerdings die vielzitierte *künstlerische Freiheit* – gemäß dieser ließe sich nämlich jede Lehrerhandlung rechtfertigen – vor Augen führt, kann einem nur angst und bange werden! Da erübrigt sich offenbar ein solides, theoretisch untermauertes unterrichtliches Wissen, insbesondere über die (methodische) Gestaltung des Lehr-Lernprozesses. Wie allerdings dieser, geboren aus der individuellen musischen Intuition der jeweiligen Lehrkräfte, im Einzelfall aussehen wird, steht – die Formulierung hat im Zusammenhang mit jenseitigen Spekulationen durchaus ihren Reiz – in den Sternen.

> Oftmals ist undurchsichtig, welcher Lehrstoff überhaupt vermittelt wird. Lehrpläne und Lernziele, so wird berichtet, sind nicht (immer) öffentlich einsehbar und liegen möglicherweise auch gar nicht vor!

Karriere und Erfahrungen der Absolventen von Waldorfschulen

Eine im Zeitraum zwischen 2003 und 2007 durchgeführte empirische Erhebung versuchte anhand von Befragungen ehemaliger Waldorfschüler, die mögliche Wirksamkeit der in Rede stehenden Pädagogik zu erforschen sowie den weiteren Bildungsweg der Absolventen zu erhellen. Hier einige Ergebnisse:

Zahlreiche ehemalige Schülerinnen und Schüler finden den Weg ins Gesundheitswesen, ergreifen den Beruf des Arztes oder der Krankenschwester. Auch der soziale Bereich (Kindergarten und Schule) ist das

56

Ziel so mancher Absolventen. Diese aber suchen sich z. B. als Lehrer bevorzugt eine Regelschule und befruchten mit ihrer anthroposophisch geläuterten Pädagogik eher seltener ihr unterrichtliches Handeln! Darüber hinaus finden sich unter den früheren „Waldorfianern" auch Ingenieure und Apotheker, während erstaunlicherweise nur relativ wenige (ca. 5 %!) von ihnen im Künstler-Milieu enden.

„Das Vorurteil, Waldorfschüler seien wenig lebenstüchtig, weil sie in einer isolierten Umgebung geschult würden, kann die Studie nicht bestätigen", stellt Prof. Dr. Dirk Randoll von der Alanus Hochschule Alfter/Bonn, einer der beiden Leiter dieser Untersuchung, fest. Vielmehr deutet einiges darauf hin, dass die Waldorfabgänger „sehr selbstsichere Persönlichkeiten" seien. Bemerkenswert ist jedoch der Befund, dass sich nur wenige Ehemalige nach ihrem Waldorfintermezzo weiterhin mit der Anthroposophie befassen. Weniger überrascht indes die Einschätzung, dass Waldorf-Absolventen in den sprachlichen und natur-wissenschaftlichen Fächern wohl denjenigen der anderen Schulformen gegenüber im Nachteil sind.

Weiterhin verblüfft, dass mehr als ein Drittel der Waldorfschülerinnen und –schüler Nachhilfeunter-richt in Anspruch nehmen mussten, obwohl doch die individuelle Förderung gerade in dieser Bildungs-einrichtung hoch im Kurs steht. Schließlich verweisen Waldorf-Verfechter gerne darauf, dass zwei von drei Absolventen ihr Abitur gemacht haben. Eine in der Tat gute Quote, die vordergründig für die gehobene pädagogische Qualität des Waldorfunterrichts spricht.

Aber: Bezüglich der empirischen Resultate ist zunächst einschränkend festzuhalten, dass der Anteil der Schülerinnen und Schüler an den Waldorf-Einrichtungen aus Familien mit akademischem Hintergrund und einem entsprechend hohen sozialen Status und finanziellen Standard überproportional groß ist. Man kann davon ausgehen, dass für den relativ hohen Abiturientenanteil weniger das besondere pädagogisch-didaktische Waldorfmilieu ursächlich ist als vielmehr die „guten Gene", das intellektuell anregende Milieu sowie die hohe Bildungsaspiration in Akademikerfamilien, in denen immerhin 65% der Eltern selbst über einen Abiturabschluss verfügen. Das verzerrt natürlich den Leistungsvergleich von Waldorfschulen mit anderen Schularten.

Schließlich darf nicht unerwähnt bleiben, dass die erhobenen Resultate aus biografischen Selbst-einschätzungen der Waldorfabgänger stammen. Die Aussagekraft derartiger (qualitativer) Forschungs-methoden jedoch hat nicht das Gütesiegel von empirisch-quantitativen Untersuchungen, wie sie etwa im Rahmen der PISA-Leistungsstudie durch-geführt werden.

Fazit

Die *anthroposophische Grundlage* nach Rudolf Steiner ist eine weltabgewandte Irrlehre, die durchaus eine gewisse esoterische Erotik freizusetzen vermag. Jedoch – was auch immer für Signale Rudolf

Steiner aus der geistigen Unterwelt empfangen haben mag –, sie lassen sich schwerlich zu einem akademisch soliden Lehrgebäude zusammenfügen. Das Gewand der Wissenschaftlichkeit, das der Prophet seiner mystischen Kunstfigur selbst überstülpte, war offenkundig zu groß. Gut möglich, dass die Flucht in den Mystizismus aber auch nur der untaugliche Versuch war, von der inhaltlichen Substanzlosigkeit der eigenen Doktrin abzulenken.

Dies allerdings ficht Bewerber um einen Platz in einer *Waldorfschule*, in der der verstaubte Geist Rudolf Steiners immer noch durch die ehrwürdigen Räume wabert, nicht an. Wer sich vor allem auf einen spaßerfüllten, mit vielen inhaltlichen Überraschungs-eiern gespickten spirituell-verklärten Unterricht einlassen will, findet hier – auch ohne stabiles ideologisch-theoretisches Fundament – einen geeigneten Auslauf. Hier kann er den eigenen musisch-kreativen Ambitionen frönen, um später seinen Namen tanzen und eine Kartoffel malen zu können. Jedoch verliert sich das begrifflich-abstrakte Denken, dessen Ausbildung unserer wissens-basierten Gesellschaft guttun würde, weitestgehend in Enthaltsamkeit.

5. „Ein Bild sagt mehr als 1000 Worte"

Mit diesem Sinnspruch soll offensichtlich der höhere Nutzen oder Mehrwert eines Bildes gegenüber Texten hervorgehoben werden. Gemünzt wird diese „Weisheit" in der Regel auf das Lernen. Meist schreibt man dem Bild gerade bei schwerverständlichen, komplizierten Sachverhalten eine „sinnaufschließende" Funktion zu: Man unterstellt der bildlichen Darstellung – neben einer positiven Behaltenswirkung – offensichtlich eine bessere Erklärungskraft als dem geschriebenen oder gesprochenen Wort. Hier spiegelt sich das „Prinzip der Anschaulichkeit" wider, das von dem großen Pädagogen und Didaktiker Johann Amos Comenius (1592-1670) formuliert wurde. Anschauung hatte für ihn Vorrang vor der sprachlichen Vermittlung von Wissen (Ein weiteres Prinzip des Philosophen, nämlich „Lernen durch [selbstständiges] Tun", setzte sich einige Jahrhunderte später ebenfalls im schulischen Unterricht durch. Dazu mehr im letzten Kapitel.).

„Anschauung" meint die sinnliche Wahrnehmung eines Gegenstandes oder eines Sachverhalts, z. B. in Form eines Bildes. Das alleine reicht aber nicht aus, denn durch diese sog. *äußere Anschauung* wird zwar dem Lerner der Lerngegenstand „vor Augen geführt" (Anschauung betrifft übrigens auch die anderen Sinne wie z. B. die akustische oder die geschmackliche Wahrnehmung.), aber er wurde von ihm zunächst noch nicht verstanden. Dies geschieht erst dann, wenn er eine inhaltliche, bedeutungsmäßige (innere) Vorstellung von dem Lernobjekt aufgebaut hat. Man spricht hier auch von *innerer Anschauung*, sie betrifft das Verstehen eines (neuen) Sachverhalts oder Begriffs. Und darauf vor allen Dingen sollte es ja bei jedem (schulischen oder außerschulischen) Lernen ankommen!

Bevor wir uns später etwas näher mit den Funktionen eines Bildes befassen, müssen wir noch einige begriffliche Klärungen vornehmen. Denn der *Aphorismus* in der Überschrift dieses Abschnitts beherbergt doch einige Unklarheiten und Unbestimmtheiten, die zu einer näheren Betrachtung nötigen.

5.1 Begriffliche Klärungen

Rätsel einer Lebensweisheit: „Wörter" oder „Worte"?
Beginnen wir mit dem Text selber: Was eigentlich ist mit „Worten" gemeint? Und meint das Sprichwort wirklich „Worte" oder „Wörter", wie es sicherlich nicht selten aufgefasst wird – und auch manchmal zu hören und zu lesen ist?

a) Ein *Wort* besteht bekanntlich aus mehreren Buchstaben, der Plural dazu heißt *Wörter*.

b) „Wort" hat aber auch die Bedeutung von Gedanken, Ideen, die jemand zu einem bestimmten Thema in zusammenhängender, kohärenter bzw. ineinandergreifender Weise zu einem bestimmten Thema äußert.

Konsultiert man den Duden, so lassen sich u. a. folgende Bedeutungen unterscheiden:

„Wort" …
1. ist die kleinste selbstständige Spracheinheit von Lautung (das bedeutet Aussprache oder Intonation) und Inhalt oder Bedeutung.

2. steht für etwas, das man als Ausdruck seiner Gedanken oder Gefühle in stimmiger und zusammenhängender Weise formuliert, so wie es oben unter b) beschrieben wird.

3. bezeichnet die Sammlung religiöser, heiliger Schriften und bezieht sich auf eine bestimmte Glaubenslehre („Das Wort Gottes" in der Heiligen Schrift).

Fassen wir zusammen: Sagt man „Wörter", so meint man damit Satzeinheiten, d. h. (sinnvolle) Anordnungen von Buchstaben; spricht man von „Worten", so werden damit zahlreiche Gedanken zum Ausdruck gebracht.

Sagt dementsprechend ein Bild mehr als 1000 Wörter, dann ersetzt es sicherlich viele verbale Informationen. Bezieht sich jedoch die fragliche Redewendung auf „Wort" in der unter Punkt 2 erwähnten Bedeutung, dann könnte sich hinter den „1000 Worten" eine schier unendliche Menge an Text, an Geschriebenem und Gesprochenem und damit an Gedanken verbergen. Könnte ein Bild eine derartige Fülle an Auskünften, Mitteilungen, Erklärungen enthalten, wäre es ein wahrlich grandioses – und nicht nur im Bereich des Lernens bedeutsames – Medium.

Welches Bild ist denn nun gemeint?

Wenden wir uns nun dem Begriff des „Bildes" zu. Man kann zwischen *realistischen* und *logischen Bildern* unterscheiden. (Es gibt auch noch *Analogiebilder*, die sich nicht auf das eigentlich Gemeinte, sondern auf einen anderen Sachverhalt beziehen, der aber zum eigentlichen Gegenstand in einer Ähnlichkeitsbeziehung steht. Sie sind aber für die anstehende Diskussion ohne weitere Bedeutung.)

Realistische Bilder sind z. B. Fotos, naturalistische Gemälde, (Strich-)Zeichnungen, Cartoons oder Piktogramme. Als „realistisch" werden sie bezeichnet, weil sie einem Objekt bzw. Sachverhalt in der Realität ähneln bzw. dieses abbilden. Selbst vom „Künstler" bloß erdachte, erfundene Objekte können als realistisch bezeichnet werden, obwohl sie in der realen Welt nicht existieren.

Logische Bilder weisen mit dem fraglichen Sachverhalt oder Gegenstand (eigentlich) keinerlei Ähnlichkeiten auf. Sie eignen sich dazu, abstrakte Gegebenheiten oder Abläufe zu konkretisieren. Gerade abstrakte Sachverhalte bedürfen oftmals – vor allem bei Lernschwächeren – einer Verbildlichung. Zu den logischen Bildern zählen insbesondere Struktur-, Kreis-, Säulen- oder Liniendiagramme (vgl. untenstehende Abbildung 4 als Beispiel für ein Piktogramm und Abbildung 5 für ein logisches Bild).

Abb. 4: Beispiel für ein Piktogramm,
anonyme Aktivistin

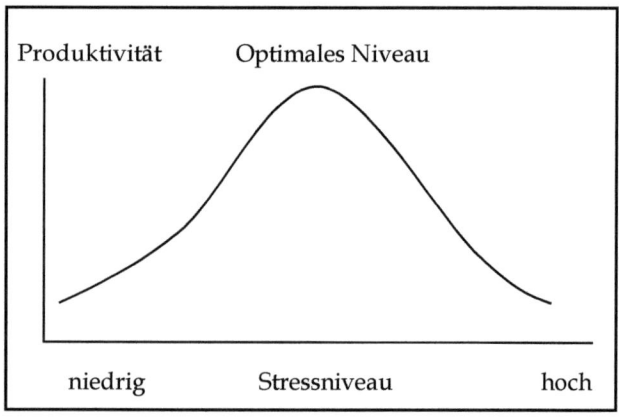

**Abb. 5: Beispiel für ein logisches Bild,
entnommen aus Blakemore/Frith 2006.**

5.2 Über den Nutzen des Mediums „Bild" im Lernprozess

Ginge es beim Betrachten eines Bildes, beispielsweise eines *Claude Monet,* nur um den künstlerisch-ästhetischen Wert, so könnte man dem besagten Spruch nur beipflichten. Wie etwa sollte es gelingen, das atmosphärische Manifest des Künstlers in seinem Werk *„Impression, Sonnenaufgang",* auch nur ansatzweise in Worte zu kleiden? Allzu kläglich wäre der Versuch, in banalen Sprachhülsen die stimmungsvolle Szenerie einfangen zu wollen, die den Betrachter ergreift, wenn er – vor dem Hintergrund der vom sanften Nebel verschluckten Schiffe – das matte Licht der erwachenden Sonne sich im stummen Hafenwasser von *Le Havre* brechen sieht! Auch mehr als 1000 Worte würden kaum jene

Faszination entzünden, die diesem Gemälde innewohnt!

Aber hier geht es um Profaneres! Zur Debatte steht vor allem die (stärkere) Erklärungsmächtigkeit eines Bildes im Vergleich zur verbalen Ausdruckskraft im Rahmen des Lernvorganges. Natürlich schreibt man dem Bild auch bessere Behaltenseffekte zu. Hiervon handelt das Folgende.

Die Redensart in der Kapitelüberschrift verleitet leicht zu der Annahme, der Betrachter eines Bildes müsse dieses nur auf sich einwirken lassen, denn schließlich „spricht" es ja zu ihm. Dem Bild wird sozusagen der *aktive* Part in dieser Zweierbeziehung „Bild – Mensch" zugeschrieben, der Mensch hingegen lässt *passiv* das Bild auf sich wirken. Eine solche Einschätzung aber ginge an den psychologischen Erkenntnissen (bezüglich der Wahrnehmung und des Verstehensprozesses, vor allem im Hinblick auf die beiden genannten Bildarten) vorbei. Sie könnte, insbesondere didaktisch, in die Irre führen und bedarf daher einer Revision. Das fragliche Sprichwort nötigt infolgedessen zu einer differenzierteren Betrachtung.

Wahrnehmung und Verstehen eines Bildes
> Realistische Bilder

Alles beginnt mit der *Wahrnehmung* des Bildes, sie basiert auf unbewussten, nicht kontrollierbaren Vorgängen. Dabei greift der Betrachter auf routinisierte, automatisierte Mechanismen zurück, die er aus der alltäglichen Wahrnehmung kennt. Hier spielen auch die aus der Wahrnehmungspsychologie bekannten Gestaltgesetze eine Rolle. Sie gehen von der Annahme aus, dass der Mensch bzw. sein Gehirn im Prozess der Wahrnehmung nach bestimmten Mustern, Strukturen oder Figuren sucht, die ihm aus der Erfahrung geläufig sind. Diese erfahrungsbasierte „Mustersuche" läuft unbewusst ab, geht vor allem von den „Daten" bzw. Informationen des Bildes, also von seinem Gegenstand oder Motiv, aus und hängt weniger vom Vorwissen und von den Zielen des Einzelnen ab.

Dennoch spielt beim Prozess der Wahrnehmung auch (schon in einer frühen Phase) das Vorwissen des Individuums eine Rolle. Dann nämlich, wenn er die (hier vom Sehsinn) bereitgestellten Informationen mit schon vorhandenem Wissen abgleicht, um dann in einer letzten Stufe der Wahrnehmung das Objekt zu identifizieren und wiederzuerkennen (vgl. Gerrig 2018). Insofern beinhaltet bereits der Wahrnehmungsprozess eine je individuelle Deutung des bildlich Dargestellten.

Dieses hier angesprochene (oberflächliche) *Verstehen* des Bildes erfasst die *Bedeutung* dessen, was auf dem Bild zu sehen ist und erkannt wird. Das geschieht unter Rückgriff auf sog. „kognitive Schemata". Hierbei handelt es sich um eine geistige Wissensstruktur oder um abstrahiertes Wissen, das der Mensch im Laufe seines Lebens über bestimmte Objekte, Situationen, Ereignisse, Handlungen oder andere Menschen angesammelt, gespeichert hat. Er sieht allerdings im Laufe der Zeit von den spezifisch-konkreten Eigenschaften, z. B. der Farbe oder der besonderen Form eines Autos, ab und speichert nur noch die allgemeinen Merkmale (z. B. das Wissen, dass ein Auto ein großer Gegenstand ist, dass es zu der übergeordneten Kategorie der Fahrzeuge zählt, dass es vier Räder und eine Karosserie hat usw.). So entsteht allmählich ein geistiger „Denkrahmen", eine geistige Schablone oder Schublade, wodurch die Identifizierung, das Erkennen neuer Erscheinungen gelingt: Man erkennt aufgrund seines „Auto-Schemas" ein vorher nie gesehenes Gefährt als „Auto".

Wenn eine Schülerin, beispielsweise im kaufmännischen Unterricht einer Einzelhandels-klasse, die Grafik des Verkaufsraumes eines Supermarktes sieht (vgl. untenstehende Abbildung 6), so erfasst sie aufgrund ihres „Verkaufsraum-Schemas" eben diese Darstellung als „Verkaufs-raum".

Allerdings ist ein solches Erkennen bzw. Verstehen *oberflächlich*. Ein *tieferes* Verstehen erfordert, dass sie das Bild einem Analyseprozess unterzieht, d. h., es interpretiert. So fragt sie z. B. nach der Absicht des Lehrbuchautors, gerade dieses Bild in den Text zu integrieren. Über diese Mitteilungsabsicht hinaus könnte sie sich fragen, ob die verschiedenen (verkaufsstarken und verkaufsschwachen) Zonen mit den entsprechenden Artikeln bestückt sind oder welche dafür geeignet wären. Sie könnte ferner überprüfen, ob bei dem abgebildeten Laden die üblichen Regeln zur Verkaufsraumgestaltung eingehalten wurden usw. Auch könnte die Lehrerin weitere Denkprozesse in Gang setzen, indem sie beispielsweise ihre Schülerinnen und Schüler auffordert zu überlegen, welche Arten von Artikeln im Kassenraum oder in den Außengängen des Geschäftes möglichst umsatzträchtig präsentiert werden sollten.

Solche und andere Betrachtungen laufen bewusst ab, gehen zwar auch von dem im Bild dargestellten Motiv aus, werden aber zu einem großen Teil vom eigenen Wissen und von den Zielsetzungen des Einzelnen geleitet. Im Falle der Einzelhandelsschülerin würde diese demgemäß auf ihr „Schema zur Gestaltung eines Verkaufsraumes" zurückgreifen und es mit dem konkret vorliegenden Laden-Beispiel vergleichen. Bei diesem (tieferen) Verstehen wird der aktive Anteil des Individuums besonders augenfällig, denn insbesondere die z. B. von der Lehrerin angestoßenen Gedanken erfordern den Rückgriff auf das eigene Vorwissen und es kommt so zur „Aktivierung" entsprechender kognitiver Schemata.

Der Einsatz von Bildern fördert allerdings nicht nur die beschriebene gedankliche Einordnung und Klärung neuer Sachverhalte oder Begrifflichkeiten. Auch der Nachvollzug einer textlich verfassten Anleitung, beispielsweise zum Aufbau einer Vitrine anhand einer entsprechenden Illustration, fördert das Verstehen. Wie ersichtlich eignen sich Bilder insbesondere bei geografisch-räumlichen Informationen als Ausgangspunkt eines Lernprozesses.

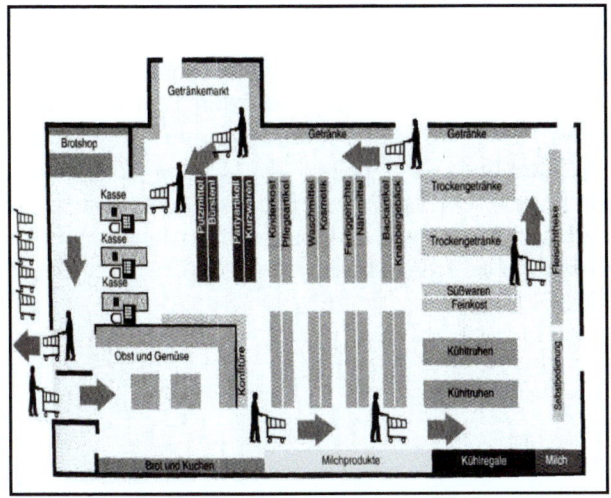

**Abb. 6: Beispiel einer Warenplatzierung,
entnommen aus Birk/Fink/Lutz 2002**

Nun verleitet das besagte Sprichwort zur
Annahme, es gäbe nur die Alternative eines
„Entweder – oder", d. h., entweder wird ein Bild oder
es wird ein Text an den Beginn eines Denk- und
Lernvorgangs gestellt. Das ist aber natürlich nicht
zwingend so. Im Gegenteil! Eine Fülle von
Untersuchungen hat ergeben, dass die Kombination
von Bild und Text zu besserem Lernen führt.

Wenn bei der Darbietung einer Text-Bild-
Kombination die Informationen integrativ verarbeitet
werden, besteht die Gefahr einer Überlastung des
„kognitiven Apparates", falls Text und Bild neben-
oder untereinander oder gar auf verschiedenen
Textseiten („separiert") dargeboten werden. Solche

Präsentationsweisen erfordern eine erhöhte Aufmerksamkeit bei der Informationsverarbeitung. Vorteilhafter wäre es dagegen, den Text unmittelbar neben den (ihm korrespondierenden) Abbildungen zu platzieren (vgl. Abb. 7). „Dieses so genannte integrierte Darstellungsformat erleichtert also den mentalen Suchaufwand und damit den verstehensfördernden Integrationsprozess (Brünken/Seufert 2006).

In Kassenzonen (also Zonen mit längerer Verweildauer) sollten nichtbranchentypische, höher kalkulierte Artikel platziert werden.

In Anlaufzonen (Zonen im Bereich der Theken bzw. Kassen, wo Kunden warten) sollten aktuelle, regelmäßig gekaufte Artikel und günstige Waren angeboten werden.

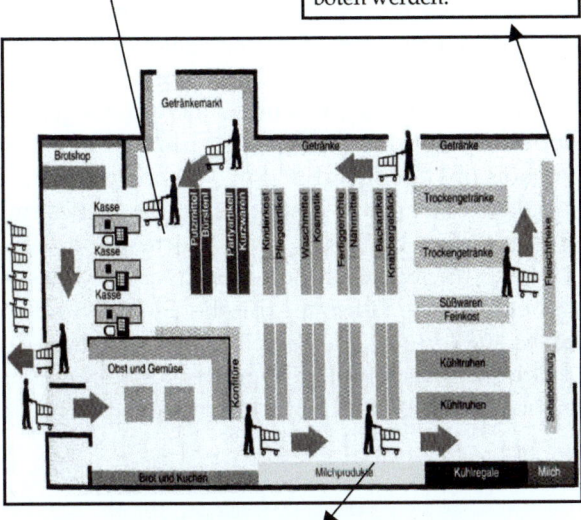

In den Außengängen und den rechts vom Kunden liegenden Wegen sollten Artikel mit hoher Kalkulation und Impulsartikel präsentiert werden.

Abb. 7: „Integrierte Darstellung" verkaufsschwacher und verkaufsstarker Verkaufszonen

> *Logische Bilder*

Auf die Wahrnehmung bzw. das Verstehen logischer Bilder sind wir Menschen gewöhnlich nicht vorbereitet. Wir können nicht, wie bei der Wahrnehmung realistischer Bilder, auf alltägliche kognitive Mechanismen oder Routinen zurückgreifen: Das Identifizieren und Wiedererkennen des Bildes, z. B. des Strukturdiagramms, des Kreisdiagramms oder des Liniendiagramms ist uns nicht geläufig, denn „(d)as Bild besitzt keine Ähnlichkeit mit dem repräsentierten Gegenstand, sondern ist mit diesem durch abstraktere strukturelle Gemeinsamkeiten verbunden" (Schnotz 2009). Die Fähigkeit, an einer grafischen Gestalt bestimmte Informationen über den korrespondierenden (abstrakten) Gegenstand oder Sachverhalt ablesen zu können, ist eine kulturspezifische Technik und muss daher erst erlernt werden. Das gelingt nur durch Aktivierung spezifischer kognitiver Schablonen (vgl. beispielsweise Abbildung 8 unten).

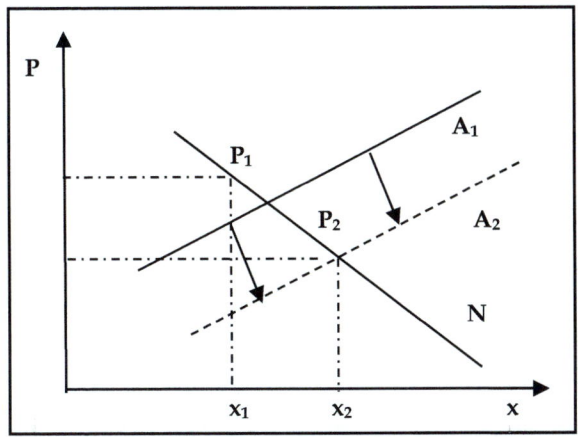

**Abb. 8: Veränderung des Gleichgewichtspreises
als Folge einer Vergrößerung des Angebotes**

Erläuterung zu Abbildung 8: Die Darstellung
bildet die Senkung des Preises von P_1 nach P_2 ab
(ersichtlich durch den neuen Schnittpunkt zwischen
der [neuen] Angebotskurve (A_2) und der gleich-
bleibenden Nachfragekurve N). Grund dafür ist eine
Vergrößerung des Gesamtangebotes von A_1 nach A_2.

Das Interpretieren bzw. Verstehen eines logischen
Bildes ist ungleich komplizierter als bei einem
realistischen Bild und, das wird hier offenkundig,
bedarf eben deshalb der Erfahrung und Übung.

Fazit
Bilder wirken sich positiv auf das *Behalten* von
Informationen aus. Als Erklärung wird hier vielfach
die „Theorie der dualen Kodierung" von Paivio

herangezogen. Er postuliert einen „Bildüberlegenheitseffekt", da nach seiner Theorie nicht nur das *Bild*, z. B. von einem Supermarkt, sondern gleichzeitig auch das *Wort* „Supermarkt-Verkaufsraumgestaltung" (dual) codiert, also im Gedächtnis abgespeichert wird. Doppelt hält eben besser!

Die positive Behaltenswirkung wird auch *evolutionsspezifisch* begründet. Bildhafte Reize korrespondieren „mit einem Teil des kognitiven Systems, der aufgrund seiner Entwicklungsgeschichte besondere Fähigkeiten zum Erkennen räumlicher Konfigurationen herausgebildet hat, und ermöglichen so eine rasche und effiziente Informationsrezeption" (Schnotz 2006). Während ein *Bild* sofort die Bedeutung, das Wissen von einem Objekt, z. B. einem Apfel anzeigt, muss das *Wort* „Apfel" erst einen „Umweg" über die ihm zugeschriebene Bedeutung machen: Es muss also erst in die Bedeutung „übersetzt" werden, die das Bild uns *unmittelbar* liefert. Mit anderen Worten: Die gedankliche Nähe zwischen Bild und Objekt ist enger als die zwischen Wort und Objekt.

Der didaktische Wert von bildhaften Reizen, darauf lassen Untersuchungen schließen, erstreckt sich darüber hinaus auch auf ihre Erklärungsfunktion. Sogenannte „erklärende Bilder", das sind Bilder, die den Nachvollzug von Ursache-Wirkungs-Abfolgen ermöglichen, leisten – allerdings in Verbindung mit erklärenden Texten – folglich auch einen Beitrag zum *Verstehen* eines Sachverhalts. Letzteres gilt primär für Lernende mit geringem Vorwissen. Die verstehensfördernde Wirkung eines

Bildes in Kombination mit einem Text erfordert aber, um mit dem bekannten Philosophen Hegel zu sprechen, die „Anstrengung des Begriffs", setzt insofern eine hinreichende geistige Tätigkeit des Lerners voraus: Er muss sein Vorwissen einbringen und die geeigneten kognitiven Schemata aktivieren, um die sich „hinter" dem Bild befindliche Bedeutung, folglich die semantische Dimension der Abbildung zu erfassen.

Vergegenwärtigt man sich die weiteren Funktionen von Bildern im Lernprozess, so lassen sich mit ihnen sprachlich dargestellte Sachverhalte veranschaulichen und insbesondere schwer verständliche Texte aufschlussreicher und damit besser verstehbar machen. Sie bieten sich – vor allem in der Form eines Strukturdiagramms – an, eine Übersicht über einen (größeren) Themenbereich zu liefern. Schließlich können sie auch motivierend wirken.

Manchmal verleitet ein Bild jedoch den Lernenden dazu, sich mit einem Blick auf die Abbildung zu begnügen, weil er glaubt, dadurch genügend Informationen erhalten zu haben. Es verführt somit zu einer bloß oberflächlichen Verarbeitung der illustrierten Informationen. Auch birgt die Präsentation eines Bildes in Kombination mit einem Text die Gefahr, dass der Lerner sich nur auf ersteres konzentriert und dabei das geschriebene Wort aus den Augen verliert.

Es bleibt festzustellen, dass die im Sprichwort suggerierte Überlegenheit des Bildes über das Wort in dieser generellen Fassung nicht haltbar ist. Wie alle (zu) allgemein gehaltenen Redensarten, Floskeln oder Sinnsprüche ist auch jenes von vager, daher beliebig auszulegender und folglich geringer Aussagkraft, was seine didaktische Verwertung an bestimmte Bedingungen knüpft. Welche das sind, bedarf – wie hier ausgeführt – einer differenzierteren Untersuchung.

Akzeptiert man die Einschätzung, dass Lernen vor allem ein „verstehendes Lernen" sein soll, dann kommt man nicht umhin, sich mit Begriffen, Konzepten oder Schemata, den „Bausteinen des Wissens", auseinanderzusetzen. Die Denkarbeit kann auch durch die Präsentation eines Bildes bzw. einer Grafik nicht ersetzt werden. Geistige Aktivitäten, begriffliche Leistungen allein sorgen für den Aufbau eines wohlorganisierten, intelligenten Wissens. Diese semantische, also bedeutungshaltige Verarbeitung von Wörtern oder Bildern erfolgt auf einer höheren kognitiven, nämlich konzeptuellen bzw. begrifflichen Ebene. Hier „(spielen) Unterschiede der Enkodierung (d. h. hier der Art der Informationsdarstellung, W. B.) nur noch eine geringe oder gar keine Rolle mehr" (Weidenmann 2006).

6. „Probieren geht über Studieren"

„Probieren geht über Studieren" dachte sich wohl auch Robinson Crusoe, als er auf der einsamen Insel strandete, die für die nächsten 28 Jahre seine Heimat werden sollte. Völlig auf sich alleine gestellt war die Lage, in der er sich befand, natürlich eine Herausforderung. Um zu überleben, musste er nun anfangen, selbst Hand anzulegen und Vieles, das er vielleicht vom Hörensagen kannte, gedanklich und vor allem praktisch nachzuvollziehen, auszuprobieren oder neu zu erforschen und umzusetzen. Er musste lernen, eine Hütte, die ihm auch als Festung dienen sollte, zu bauen; er begann zu jagen, züchtete Ziegen und stellte aus deren Fell seine eigene Kleidung her.

„Probieren statt Studieren" war von nun an für Robinson eine wichtige Überlebensstrategie. Es blieb ihm wohl auch nichts anderes übrig! Aber wer von uns in einer zivilisierten, global vernetzten und aufgeklärten Welt Lebenden muss sich noch als moderner Robinson durchs Leben schlagen? Das brauchen wir nicht, denn wir erwerben im Laufe eben dieses Lebens eine Menge an Wissen, nicht nur in der Schule, sondern auch außerschulisch: Quasi nebenbei erlangen wir Informationen durch die Nutzung von Medien; wir bilden uns (gezielt) weiter durch die Lektüre von Büchern oder Fachzeitschriften; wir besuchen Vorträge von Wissenschaftlern oder sonstigen Experten und holen uns Rat von Ihnen ein. So bleibt es in der Regel eben nicht aus, dass wir – für Robinson galt dies natürlich in einem begrenzteren Umfang auch – mit einem (Vor-)Wissen ausgestattet sind, welches unsere Entscheidungen und Handlungen leitet. Darauf verweist auch Karl Popper, wenn er betont, dass all unsere Beobachtungen und Handlungen stets hypothesen- bzw. theoriegetränkt sind. Dessen sind sich die meisten Menschen allerdings nicht bewusst. Schon deshalb ist die besagte Redensart in dieser Formulierung natürlich nicht alltagsgerecht; sie ist jedenfalls nicht als „Entweder – oder", sondern nur als ein „Sowohl – als auch" zu begreifen.

Und wenn zur Lösung eines anstehenden Problems das eigene Vorwissen nicht ausreicht, dann findet man heute sicherlich Mittel und Wege, um an die benötigten Informationen zu gelangen. Selbermachen ist sicherlich reizvoll, aber über theoretisches Wissen zu verfügen, kann manchmal recht nützlich sein! Das gilt für eine Fülle von (mehr oder weniger) alltäglichen Situationen. Sollte man als Nichtschwimmer wirklich einfach mal von einem Hubschrauber ins tosende Meerwasser springen, um festzustellen, ob das die beste Methode ist, schwimmen zu lernen? Und sollte man, wenn man noch nie den Kopf in ein Kochbuch gesteckt hat, nicht doch besser die Ehefrau bitten, zu kochen, wenn der Chef nebst Gattin zum Abendessen kommt? Wäre es schließlich nicht ratsamer, schleunigst vom OP-Tisch zu hüpfen, wenn der frisch gebackene Facharzt für Chirurgie kurz vor dem Eingriff kopfschüttelnd und mit bedenklicher Mine murmelt: „Was mach ich jetzt bloß mit Ihnen?" Oder rufen wir ihm aufmunternd zu: „Nur Mut, Doc! Wird schon schiefgehen!" Am Ende könnt genau das passieren!

Nicht immer, so scheint es, kommen wir mit dem Motto in der Überschrift unbeschadet durchs Leben. Manchmal lohnt es sich wirklich, vor dem praktischen Tun erst einmal die Theorie zu diesem oder jenem Sachverhalt zu befragen. Es gibt auf vielen Gebieten erprobtes, bewährtes Wissen, auf das man im Einzelfall zurückgreifen kann und auch sollte.

Und es spart uns eine Menge Zeit! Warum also jedes Mal das Rad neu erfinden?

Theoretische Beleuchtung

Natürlich wurde die Alternative des „Probierens" bzw. „Selbsttuns" oder des „Studierens" bzw. des „Lernens aus der Theorie" auch in der Pädagogik – wenngleich unter anderer Blickrichtung – erörtert. So entflammte bereits in den sechziger Jahren des letzten Jahrhunderts eine heftige Debatte darüber, ob man die (schulischen) Lernziele am besten erreicht, indem die Schülerinnen und Schüler das erforderliche (und nicht in systematischer Weise vorgegebene) Wissen selbst auffinden und sich aneignen oder indem der Lehrer ihnen dieses in „fertiger Form" darbietet. Bei der selbstständigen Bearbeitung von Problemen oder Aufgaben müssten sie somit selber herausfinden, welches Wissen sie zur Lösung benötigen. Man nennt dieses Vorgehen auch „entdeckendes Lernen". Trägt der Lehrer ihnen hingegen den Unterrichtsstoff als „geordnete Ganzheit" in strukturierter Form vor, sodass sie ihn – im optimalen Fall – in „sinnvoller Weise" mit ihrem vorhandenen Wissen verknüpfen können, so bezeichnet man ein solches Vorgehen als „sinnvoll-rezeptives Lernen". Als „Hauptredner" dieser Kontroverse taten sich die amerikanischen Psychologen Jerome S. Bruner (er vertritt die Position des *entdeckenden Lernens*) und David P. Ausubel (er steht für das *sinnvoll-rezeptive Lernen*) hervor.

Entdeckendes Lernen

Entdeckendes Lernen zeichnet sich dadurch aus, „daß der Hauptinhalt dessen, was gelernt werden soll, nicht gegeben, sondern vom Schüler entdeckt werden muss, bevor er ihn sinnvoll in seine kognitive Struktur einverleiben kann" (Ausubel u. a. 1980). Das geordnete Ganze, die „fertige Form", die am Ende des Lernaktes als Begriffe, Zusammenhänge oder ganz allgemein als Wissen in die gedankliche Struktur des Lernenden in widerspruchsloser Weise integriert sein soll, muss vom Lerner erarbeitet werden. Das „geordnete Ganze" findet der Lerner folglich nicht – und das wiederum kennzeichnet den wesentlichen Unterschied zum *sinnvoll-rezeptiven Lernen* – in „vorgegebener Form" vor. Vielmehr sieht er sich (vermeintlich) zusammenhanglosen und unstrukturierten Informationen oder Daten gegenüber, die er erst noch kraft seiner Denkleistungen zu einer wohlstrukturierten, bedeutungshaltigen Gesamtheit, d. h. zu systematischem Wissen, zusammenfügen muss. Hat er dieses während des Lern- bzw. Konstruktionsprozesses Schritt für Schritt mit seiner Vorwissensstruktur verknüpft und dabei neue Bedeutungen erworben, dann war das Lernen erfolgreich, es liegt eine veränderte Wissensstruktur vor.

Für Bruner und auch für andere Befürworter des entdeckenden Lernens ist es das Bestreben, dem Schüler oder der Schülerin Gelegenheit zu bieten, „Dinge selbst zusammenzustellen, sein eigener Entdecker zu sein". Der entdeckende Lernakt sei die „erste Quelle innerer Motivation", der Ursprung jeder wirklichen Erkenntnis, der darüber hinaus das Behalten des Gelernten unterstützt.

Sinnvoll-rezeptives Lernen

Ausubel (1973) anerkennt durchaus bestimmte Vorteile des entdeckenden Lernens. „Die Methode selbst ist für bestimmte pädagogische Absichten und unter bestimmten pädagogischen Bedingungen sehr brauchbar." So hält er sie für vorteilhaft, wenn der Lerngegenstand unvertraut und schwierig ist. Hier „erhöht autonome Entdeckung wahrscheinlich die intuitive Bedeutungshaltigkeit. Als besonders hilfreich erachtet er entdeckendes Lernen, wenn es um das Erlernen von Problemlösetechniken geht. Jedoch wehrt er sich gegen eine Verherrlichung des Aktes selbstständigen Entdeckens und folglich auch gegen eine Verabsolutierung dieser Methode. Insbesondere kritisiert Ausubel die Position seines Kontrahenten, wenn dieser argumentiert, alles wirkliche Wissen müsse vom Lernenden selbst und durch eigene Einsicht entdeckt werden. Dies mag hin und wieder lernmotivierend wirken, allerdings ließe sich ein vergleichbarer Effekt erzielen, wenn man einen (dargebotenen) schwierigen, anspruchsvollen Lernstoff begriffen, verstanden hat.

Dem entdeckenden Lernen, das er angesichts der überfrachteten Lehrpläne und der daraus folgenden „Zeitkosten" als *ausschließliches* Lernverfahren ablehnt, setzt Ausubel sein Konzept des „sinnvoll-rezeptiven Lernens" entgegen. Er verweist auf die beachtliche Fülle an Informationen, die die verschiedenen Wissenschaften und Fachrichtungen beinhalten. Diese könnten mit der sinnvoll-rezeptiven Methode zeitsparender erworben werden. Sie ist für ihn „die effektivste Methode .., den wesentlichen Inhalt einer Disziplin sinnvoll zu assimilieren."

Rezeptives Lernen – man könnte es auch als *rekonstruierendes Lernen* bezeichnen – bedeutet, dass der Lehrer den Hauptinhalt des neuen Lerngegenstandes als „geordnetes, fertiges Ganzes" präsentiert. Der Schüler muss diesen Inhalt nun „aktiv und sinnvoll auf relevante Aspekte seiner kognitiven Struktur" beziehen. Bei *entdeckendem Lernen* – man könnte auch von *konstruierendem Lernen* sprechen –, so haben wir weiter oben bereits gesehen, muss der Schüler erst noch für die Konstruktion dieser sachlogisch korrekten Ganzheit sorgen und sie dabei in seine Wissensstruktur einarbeiten. In *beiden* Fällen, das verdeutlicht die Definition des rezeptiven Lernens, hat der Schüler aber letztendlich selbst aktiv-konstruktiv die Änderung seiner kognitiven Struktur, seines Wissensgerüstes zu bewerkstelligen.

Fassen wir zusammen: Es nähme erhebliche Zeit in Anspruch, würde der Unterricht ausschließlich gemäß der Methode des *entdeckenden Lernens* organisiert. Der Zeitfaktor ist daher neben der nicht weniger bedeutsamen Frage, ob jeder Schüler, jede Schülerin überhaupt die Fähigkeit besitzt, selbstständig zu lernen, ein nicht zu unterschätzendes Problem (vgl. dazu das nächste Kapitel)!

Ähnliches gilt dann auch – unter sicherlich anderen Vorzeichen – für die eher auf den Alltag gemünzte Redensart vom „Probieren", das dem „Studieren" vorzuziehen ist. Man hat ja schließlich auch noch andere Sachen zu erledigen! Wir müssen uns wohl eingestehen, dass das in Rede stehende Motto, wie so viele Allgemeinplätze oder Banalitäten, unserem Leben nicht generell als Leitmotiv dienen sollte.

7. Alleine lernen oder besser von anderen?

Lernt man am besten alleine, also weitestgehend ohne fremde Unterstützung, oder dank der Hilfe von anderen? Diese Alternative wurde bereits früh in der Lerngeschichte aufgeworfen und führte zu einer weiteren Legende des Lernens mit einer entsprechend langen Tradition. So wurde die Forderung nach *Selbststeuerung* des Lernprozesses durch den Schüler bereits im 16. Jahrhundert von dem Pädagogen Wolfgang Ratke erhoben. Seine Ideen wurden insbesondere von Comenius, aber auch von Rousseau oder Pestalozzi aufgenommen und weitergetragen. Zu Beginn des 20. Jahrhunderts fanden diese Bestrebungen in Gestalt der sog. „Arbeitsschulbewegung" (als Teil der deutschen „Reformpädagogik") eine weitere geistige Heimat. Georg Kerschensteiner und Hugo Gaudig waren seinerzeit die Protagonisten, die den Gedanken des Selbsttuns in den Fokus rückten. Während ersterer dabei das manuell-praktische Tun betonte, stellte Gaudig vor allem die Selbstständigkeit und die geistige (Selbst-)Tätigkeit heraus.

Mit der Neuordnung der industriellen und handwerklichen Metall- und Elektroberufe im Jahre 1987 geriet das Leitbild der *Handlungskompetenz* in den Blick und - auf schulischer Ebene - sein didaktisch-methodisches bzw. konzeptionelles Gegenstück, der sog. *Handlungsorientierte Unterricht.* Dieser setzte als methodisches Element vor allem auf Selbststeuerung durch den Schüler.

Von Schulpolitikern wurde besagter Unterricht eilfertig in den Lehrplänen – zunächst vorrangig der beruflichen, später auch der allgemeinen Bildung – verankert. Handlungsorientierung war plötzlich der Königsweg zu einer fundierten Handlungs-kompetenz. War diese denn vorher nicht fundiert bzw. von minderwertiger Qualität? Das allerdings muss stutzig machen, denn man kann davon ausgehen, dass unsere (Schul-)Politiker kaum nach einem solch bahnbrechenden Konzept unterrichtet worden waren. Was aber ist dann von ihrer – didaktisch möglicherweise unterernährten – Hand-lungs- und Entscheidungskompetenz zu halten?

Spätestens in den achtziger Jahren des vergangenen Jahrhunderts wurde die Frontstellung zwischen Selbst- und Fremdsteuerung des Lernens zementiert. Frontaler Unterricht, bei dem der Lehrer Themen darbietet, vorträgt, jedenfalls die Steuerung oder Lenkung des unterrichtlichen Geschehens innehat, war auf einmal verpönt. Wer als Studienreferendar bei seinen „Lehrproben" nicht auf diesen methodischen Kniff zurückgriff, hatte schlechte Karten bei den Seminarvertretern. Denn die waren auf „Gedeih und Verderb" dem Handlungsorientierten Unterricht verpflichtet. Man war wohl dem im Volksglauben vorwaltenden *similia similibus* – Prinzip („Gleiches [wird] durch Gleiches [geheilt]") auf den Leim gegangen. Übertragen auf den Unterricht bedeutet es etwa: „Wenn du die Fähigkeit zum selbstständigen Handeln vermitteln willst, dann lass die Schülerinnen und Schüler im Unterricht selbstständig handeln"! Was für ein fataler Kurzschluss! Denn es ist mehr als fraglich zu glauben, dass man das *Ziel* des selbstständigen Handelns – ausschließlich und von Anfang an – mit der *Methode* des selbstständigen Handelns erreichen kann!

Die Einführung des handlungsorientierten Unterrichts indes entsprang wohl mehr der Hoffnung auf Befruchtung der vorherrschenden Lernkultur, als dass sie Ausfluss eines theoretisch fundierten Gebäudes gewesen wäre. Auch empirisch fehlten Belege für seine Tragfähigkeit. Der Verfasser konnte jedenfalls im Rahmen einer von ihm durchgeführten qualitativen Einzelfallstudie (bei der eine begrenzte Zahl von Schülerinnen und Schülern über ein halbes Jahr lang handlungsorientiert unterrichtet wurde) feststellen, dass handlungsorientierter Unterricht durchaus zur *Förderung der Lernmotivation* beitragen kann, dass er aber nicht zu einer *verbesserten Lernleistung* führt. Darüber hinaus zeigten sich die Schülerinnen und Schüler hinsichtlich der selbstständigen Gestaltung des eigenen Lernprozesses überfordert, sodass sie immer wieder Lehrerhilfe benötigten. Zwar basieren die Ergebnisse auf einer relativ kleinen Probandenzahl, jedoch wurden sie später auch in anderen, quantitativ angelegten und mit größeren Stichproben durchgeführten Studien weitestgehend bestätigt. Das erhärtet die Vermutung, dass das besagte Konzept nicht ohne Berücksichtigung der *Lerner-*

voraussetzungen gedacht werden kann. Dieser Aspekt aber wurde offensichtlich – zumindest bei seiner überstürzten Einführung – völlig vernachlässigt.

Selbst- oder Fremdsteuerung des Lernens? – Beides!

Die üblicherweise mit dem Begriff des „Frontalunterrichts" verbundene *Fremdsteuerung* des Lernprozesses geriet sicherlich zu Recht in die Kritik. Ein solches von der (aktiven) Lehrperson gesteuertes Vorgehen drängt den Lernenden in eine eher passive, rezeptive Rolle. Dennoch sei an dieser Stelle betont: Ein Lernender ist auch beim Hören eines Vortrags, einer Anleitung oder einer Erklärung aktiv (vorausgesetzt er will lernen bzw. neues Wissen erlangen). Er ist nämlich aktiv in dem Sinne, dass er die vom Lehrer vermittelten neuen Inhalte bzw. Informationen in sein Vorwissen einfügen muss. Trotzdem könnte die ihm bei dieser Unterrichtsform auferlegte Passivität seine Lernmotivation schmälern. Neben diesem Defizit ist ein wichtiger Kritikpunkt die Gefahr, dass der Schüler das vorgegebene systematisch gegliederte, „fertige Wissen" nicht auf neue (Lern-)Situationen anwenden bzw. übertragen kann. Dies betrifft insbesondere komplexe und wenig strukturierte Sachverhalte. Der Lernerfolg wäre erheblich beeinträchtigt, denn welchen Wert hat ein Wissen, das nicht zur Anwendung gelangen kann, das einem nicht zur Lösung neuer Probleme oder Aufgabenstellungen zur Verfügung steht? Ein solches Wissen bezeichnet man in der Theorie auch als „träges Wissen".

Selbststeuerung, die man daher als alternativen methodischen Entwurf zur Vermeidung dieser Nachteile ansah, weist wie bereits gesehen, ebenfalls Schwächen auf. Schülerinnen und Schüler sind leicht überfordert, wenn sie ohne Anleitung und Unterstützung durch die Lehrkraft selbstständig ein neues Thema erarbeiten sollen. Denn die neuen Inhalte müssen von ihnen in ihr je individuelles Vorwissen eingearbeitet werden, damit dieses veränderte Wissen für sie einen Sinn ergeben soll. Oft aber findet der Schüler allein nicht die angemessenen Verknüpfungspunkte oder Ansatzstellen, um ein neues bedeutungshaltiges Wissensnetz aufzubauen. Gerade das aber ist erforderlich, um ein *tiefes Verstehen* – dem wohl wichtigsten Ziel eines jeden Lernens – zu gewährleisten. Hier ist zumindest bei lernschwächeren Schülern und Schülerinnen Lehrerhilfe angezeigt.

Darüber hinaus müssen sie überhaupt erst in der Lage sein, diesen Lernprozess zu *planen*, zu *überwachen* und zu *bewerten*. In der *Planung* geht es um Fragen wie: Welches Lernziel möchte ich erreichen? Welche Quellen – Bücher, Fachzeitschriften, Internet usw. – benutze ich? Wie viel Zeit plane ich ein für den Wissenserwerb? Wie viel Pausen sollte ich einlegen? Im Rahmen der *Überwachung* fragt man sich: Habe ich mein Lernziel erreicht? Hätte ich vielleicht einen anderen Lernweg wählen oder andere Informationsquellen verwenden sollen? Bei der *Bewertung* schließlich lauten die Fragen z. B.: Stimmen Lern*ziel* und Lern*ergebnis* überein? Ist der Lernprozess so abgelaufen, wie ich es mir vorgestellt hatte? Konnte ich meinen Zeitplan einhalten?

Solche dem eigentlichen Lernvorgang (*Lernen im engeren Sinne*) übergeordneten Prozesse (*Lernen im weiteren Sinne*) sind für ein erfolgreiches selbstständiges Lernen unerlässlich, aber sie müssen erst einmal erlernt und eingeübt werden. Dies ist bei der Forderung nach Selbststeuerung des Wissenserwerbs zu bedenken. Leider wird dieses Gebot viel zu oft missachtet!

Ein weiterer Schwachpunkt eines „reinen" selbstgesteuerten Lernens ist der enorme Zeitaufwand (siehe voriges Kapitel), der sich durch gelegentliche „Eingriffe" der Lehrkraft erheblich reduzieren ließe. Und schließlich bleibt die fehlende empirische Bestätigung für einen ausschließlich selbstständig durchgeführten Unterricht ein weiterer Kritikpunkt, der allerdings auch für eine „reine" Fremdsteuerung des Unterrichts gilt.

Was liegt demnach näher als der Versuch, beide Positionen zu kombinieren, um die Schwächen der jeweils anderen zu vermeiden! Auf dieser Idee gründet ein „gemäßigtes" Unterrichtskonzept, das dem Lerner eine größtenteils aktive Rolle zuspricht, die jedoch – in Abhängigkeit von der jeweiligen Lernsituation (z. B. schwieriges, komplexes oder völlig unbekanntes Themengebiet) – durch Lehrerunterstützung aufgeweicht wird. Ein solches *moderatselbstgesteuertes Konzept* sieht zwar grundsätzlich Eigensteuerung des Lernprozesses vor, ergänzt diese aber – je nach didaktisch-methodischen Erfordernissen – durch Fremdsteuerung. Dieses kombinierte

Lehr-Lernarrangement zeigte sich in entsprechenden Experimenten (z. B. im Bereich der kaufmännischen Erstausbildung oder in der medizinischen Ausbildung) den jeweils „reinen" Positionen überlegen (Reinmann/Mandl 2006).

Halten wir fest: Die Forderung nach Selbstständigkeit des Lernenden im Unterricht war gut gemeint, aber schlecht durchdacht. Man machte die Rechnung „ohne den Wirt", also den Lerner! Verblendet vom Glauben, den heiligen Gral erfolgreichen Lernens gefunden zu haben, wurde die Frage, ob die Schüler-Klientel überhaupt die erforderliche Handlungskompetenz hierfür mitbringt, selbstredend nicht gestellt.

Die (praktische) Pädagogik und die Schulbürokratie wurden allerdings schnell eines Besseren belehrt. Wieder einmal wies ihnen die pädagogisch-psychologische Disziplin den rechten Weg. Ob indes derartige „Belehrungen" (von einer Wissenschaft, die für Fragen der Gestaltung des Lehr-Lernprozesses *das* Kompetenzzentrum darstellt) Politiker oder Pädagogen zu einem Umdenken motivieren, scheint zweifelhaft. Zu sehr werden beide Bereiche von je eigenen domänspezifischen Interessen beherrscht. Im einen Fall sind es vor allem die machtgespeisten „Selbsterhaltungsbedürfnisse" der politischen Taktgeber; im anderen Fall kann man sich der interdisziplinären Neidgefühle und Eifersüchteleien wohl schwerlich erwehren! Es ist sicher nicht leicht, die Invasion einer Nachbarwissenschaft auf das eigene Terrain zu akzeptieren, auf dem man sich lange Zeit als der „Marktführer" in Sachen Unterrichtskompetenz wähnte!

8. Quintessenz

Wir haben eingangs ja schon darauf verwiesen, dass man mit dem Aussagegehalt von Mythen, Fabeln, Sagen oder Legenden vorsichtig umgehen sollte. Das gilt in erster Linie für *jenseitig* orientierte Geschichten dieser Art, in denen übernatürliche Wesenheiten mit (Zauber-)Kräften walten. Ganz so weit gingen die hier besprochenen Erzählungen nicht (obwohl die Steinersche Anthroposophie schon eine „zauberhafte" Wirkkraft entfacht); dennoch bedurften sie einer kritischen, an wissenschaftlichen Erkenntnissen orientierten Zensur, um sie von nebulösem und vagem Beiwerk zu befreien und einen letztendlich diskutablen Kern freizulegen. Das gilt grundsätzlich auch für andere, in ähnlich zweifelhafte Wortblasen verpackte „Weisheiten".

Die „*neurowissenschaftliche* Revolution im Klassenzimmer", so ist resümierend festzustellen, blieb aus, sehr zum Leidwesen einiger – ob der Erträge ihrer eigenen Disziplin – frustrierter Pädagogen. An die Beiträge der Pädagogischen Psychologie zur optimalen Gestaltung von Lehr-Lernprozessen reichten die Neurowissenschaften nie heran. Allerdings ließe sich durch sie die eine oder andere Erkenntnis der psychologischen Lernwissenschaft bestätigen. Ihre Domäne liegt dennoch wohl eher auf dem Feld der „pathologischen Pädagogik".

Wie gesehen entbehrt die *Hochbegabten*-Lyrik durch ihre intelligenz-modelltheoretische Entlarvung (siehe Abbildung 3 weiter oben) als Produkt über-ambitionierter Mütter einer hinreichenden Deckung. Hoch und noch höher Begabte, zumindest in dem vielfach von ihren Erzeugern behaupteten Maße, lassen sich aktuell jedenfalls nicht ausmachen. Ein Blick auf die *Normalverteilungs-Kurve* mag dies bestätigen. Und so müssen wir bei all den Scharondas und Mélodies vorläufig die Hochbegabtenvermutung fallenlassen und stattdessen die (empirisch wohltemperierte) Hypothese formulieren, dass wir es bei ihnen eher mit lernresistenten Akteuren von schlichtem Gemüt zu tun haben.

Die Nachfrage nach *Waldorfschulen*, so haben wir weiter oben schon vermerkt, ist wohl nicht der besonderen lernkonzeptionellen Grundlegung der Waldorfschulen oder ihrer unterrichtlichen Qualität geschuldet. Vielmehr dürfte das Motiv ihrer Aspiranten sein, ein „sportliches" Abitur hinzulegen. Dies muss man ihnen nicht unbedingt zum Vorwurf machen; es ist durchaus legitim, den Weg des geringsten Widerstandes zu gehen. Wie die oben erwähnte empirische Untersuchung zeigt, kann man ja auch als ehemaliger *Waldorfianer* Karriere machen.

Zu bedenken aber ist, dass diese kaum wegen, sondern *trotz* der anrüchigen Waldorfpädagogik eingeschlagen werden konnte. Wer, wie zahlreiche Schüler dieser speziellen Anstalt, eine bevorzugte genetische Grundausstattung mitbringt, wird Wege und Umwelten finden, um sein intellektuelles Rüstzeug dennoch fruchtbar zu machen und nicht auf der Suche nach seinem „astralen Ich" zu verplempern. Jedoch, und das ist der Pferdefuß: Was hätte man mit dem intellektuellen Potenzial anfangen können, wenn es nicht der subalternen Waldorf-Ideologie und der mutmaßlich fachlichen wie didaktischen Inkompetenz ihres Lehrkörpers überlassen worden wäre! Sicher, auch der Regelschul-Betrieb fährt einen lernpsychologisch suboptimalen Unterrichtskurs. Jedoch wäre er das vergleichsweise geringere Übel gewesen. Aber beide Alternativen sind unbefriedigend! Denn wenn z. B. „Lehrpersonen keine spezielle Ausbildung brauchen, dann kann sich die Intelligenz von Kindern möglicherweise nicht optimal entfalten". Und so „gehört eine Ausbildung in der Lehr- und Lernforschung zwingend zu einer akademischen Lehrerbildung" (Stern/Neubauer 2013). Angesichts dieser Einschätzung überkommt einen in der Tat ein mulmiges Gefühl, wenn man an die (oben erwähnten) Eingangs„qualifikationen" des Waldorf-Lehrpersonals, leider aber auch an die der Regelschul-Pädagogen denkt!

Bilder, die *mehr als 1000 Worte sagen*, mag es wohl geben. Was sie allerdings „zu sagen" haben, fällt doch größtenteils in den je verschiedenen Deutungsbereich des Betrachters. Auch muss man erst einmal gelernt haben, Bilder, zumal logische Bilder, „zu lesen". Wenn man für das bildlich Dargestellte keinen „theoretischen Hintergrund" oder keine entsprechenden Schemata zur Verfügung hat, erkennt man oftmals wenig bis gar nichts. Das kann einem so gehen, wenn der Arzt auf die Röntgenaufnahme deutet und fragt: „Sehen Sie hier diesen Punkt? Der gehört da nicht hin!" Oftmals sieht man – nichts! Man verfügt halt als Laie nicht über die erforderlichen Deutungs-Schemata. Es ist weniger das Bild, das uns beunruhigt, als das, was der Mediziner sagt. Hier sind mehr als 1000 Worte vermutlich aufschlussreicher!

Man hätte sich aber möglicherweise als christgläubiger Mensch das eine oder andere Mal gewünscht, der Heilige Geist hätte den Schreiberlingen der Bibel – dieses Mammutwerk ist bekanntlich unter seinem „Anhauch" zu Papier gebracht worden – ein paar Bilder an die Hand gegeben. So manches unverständliche Kauderwelsch wäre den Lesern des Gotteswortes und erst recht dessen Exegeten erspart geblieben! Denn wessen Vorstellungskraft reicht letztendlich wirklich aus, um sich beispielsweise ein Bild von der göttlichen Trinität machen zu können? Und wer kann ernsthaft die marianische Empfängnis Jesu im Akt der Heimsuchung durch den Heiligen Geist begrifflich nachvollziehen? Illustrationen oder besser noch Animationen zur Veranschaulichung könnten hier tatsächlich ein wenig für Klarheit sorgen!

„Probieren geht über Studieren" ist keine ungefährliche Redensart, jedenfalls für denjenigen, der sie blind befolgt. Nur wer vom „Robinsonsyndrom" befallen ist, kann wohl nicht anders. Die meisten von uns allerdings befinden sich in einer etwas komfortableren Lage. Im Gegensatz zu unserem armen Insulaner können wir uns nämlich – falls erforderlich – vor bestimmten Tätigkeiten „schlaumachen", indem wir z. B. in einem Sachbuch stöbern oder Hilfe von einem Experten einholen. Aufs Geratewohl – und damit meist mehr oder weniger

„theorielos" – zu handeln ist irrational und birgt die große Gefahr des Scheiterns. Wer getreu dem Motto „No risk – no fun" lebt und seine Adrenalinschübe braucht, mag in Gottes Namen ohne vorherige Instruktionen durch Fachleute in ein Flugzeug steigen, um den *Kick* des „freien Falls" zu genießen. Wer allerdings das Risiko eines „Sturzfluges" minimieren möchte, holt sich besser vor dem Sprung ein paar Tipps von Kennern oder *studiert* die einschlägige Literatur – bevor er es *probiert*!

Selbststeuerung des Lernens ist kein Selbstläufer! Das mussten Lehrer erfahren, denen man per hoheitlichem Dekret den sog. „Handlungsorientierten Unterricht" auferlegte. Es war wieder einmal ein kultusbürokratischer Schnellschuss, denn jede Entscheidung, die den Lehr-Lernprozess betrifft, *muss* den Zusammenhang *aller* Faktoren berücksichtigen, die diesen Vorgang beeinflussen. Hierauf hat insbesondere der Didaktiker Paul Heimann hingewiesen, der als formal konstante „Strukturmomente des Unterrichts" vier sog. *Entscheidungsfelder* (sie umfassen das *Ziel*, den *Inhalt*, die *Methode* nebst *Medien*) und zwei *Bedingungsfelder* (zu denen z. B. die je individuellen *Lernervoraussetzungen*, wie Intelligenz, Vorwissen oder soziale Herkunft zählen) identifiziert hat. Sie hängen wechselseitig voneinander ab, bedingen sich gegenseitig, was Heimann zur Formulierung der berühmten „These von der Interdependenz aller unterrichtswirksamen Faktoren" veranlasste. Das bedeutet, dass jede Entscheidung, sei es die Festlegung des Lernzieles, der Lernmethode oder des Lerninhalts auch die anderen Strukturmomente bzw. Faktoren in Betracht ziehen muss! Ein Gebot, das in der unterrichtlichen Praxis viel zu oft missachtet wird und scheinbar auch den didaktischen Vordenkern in ihren schulministeriellen Sesseln nicht bekannt war! Gerade die unzureichenden *Lernervoraussetzungen* aber sind eine nicht hintergehbare Einflussgröße eines erfolgreichen selbstgesteuerten Lernprozesses. Und so haben die Lehrer vor Ort stets die Suppe auszulöffeln, die ihnen von übergeordneter Stelle eingebrockt wird.

Wer seinen Lernprozess – egal ob in oder außerhalb der Schule – selbstständig organisieren und gestalten will, benötigt hierfür erst einmal die erforderliche Kompetenz. Die aber hat man nicht *per se*, insbesondere nicht in jungen Jahren. Wer sich anschickt, ein neues Thema bzw. Wissensgebiet zu erkunden, das ihm z. B. einen beruflichen Aufstieg ermöglicht und/oder für das er sich einfach nur interessiert, muss wissen, wie er diesen Lernprozess angehen soll. Hierbei helfen ihm sog. „Selbstkontrollstrategien", die sich auf das Planen, Überwachen und Bewerten des eigenen Lernens richten – die man allerdings erst einmal erlernen und verfestigen muss!

Legenden, Sagen, märchenhafte Erzählungen oder Dichtungen mögen uns in weltenferne Höhen entführen und unseren müden Geist erlaben. Ob man allerdings aus ihnen Nektar für den Alltag saugen kann, ist fraglich. Da greife man doch am besten gleich auf theoretisch plausibles und empirisch gestütztes (wissenschaftliches) Wissen zurück!

Nicht selten offenbaren Mythen ihre Tücken im Detail, wie die vorangegangenen Ausführungen belegen. Und hin und wieder geraten sie gar untereinander in Konflikt. Diese Erfahrung musste auch die Jungfrau machen, die mit freudig-erregtem Grinsen frohlockte „Einmal ist keinmal!" – und sich gewaltig irrte! Von der Vergänglichkeit ihrer Unschuld überrascht und von bitterer Reue gepeinigt berief sie sich hinterher auf das sozialpädagogische *Mantra* „Jeder hat eine zweite Chance verdient!" – Eben nicht! Gerne hätten wir ihr ins Poesiealbum geschrieben „Gut Ding will Weile haben!" Aber sie wusste es ja wieder besser. Immerhin hat sie ihre Lektion gelernt, das passiert ihr nicht noch einmal!

Anmerkungen

1) Der Verfasser war über zehn Jahre an seiner Schule für die Ausbildung für Referendare aus vier verschiedenen Lehrerseminaren in NRW zuständig, hatte also während dieser Zeit genug Gelegenheit, Einblicke in die Ausbildung dort zu gewinnen. Natürlich sind dies subjektive und lokal begrenzte Eindrücke. Jedoch deuten Erfahrungen von Kollegen in anderen Bundesländern darauf hin, dass dort die Situation ähnlich war bzw. ist.

2) Vgl. https://www.waldorfschule.de/schulen/ schulsuche/schulverzeichnisse.

3) https://bildungsforschung.hhu.de/absolventen-von-waldorfschulen-eine-empirische-studie-zu-bildung-und-lebensgestaltung-ehemaliger-waldorfschueler/.

Verwendete Literatur

AUSUBEL, D. P.: Entdeckendes Lernen. In: Neber, H. (Hrsg.): Entdeckendes Lernen. Weinheim und Basel 1973, S. 28-69.

AUSUBEL, D. P./NOVAK, J. D./HANESIAN, H.: Psychologie des Unterrichts, Band 1. 2. völlig überarb. Aufl. Weinheim-Basel 1980.

BECKER, N.: Reißt die Zeitfenster zum Lernen auf. In: Frankfurter Allgemeine vom 10.06.2008.

BEYEN, W.: Wie mir Gott abhandenkam – Eine kurze Streitschrift wider das Christentum und den parasitären Klerus. 3., korrigierte und erweiterte Auflage. Norderstedt 2023.

BEYEN, W.: Neue Methoden im Wirtschaftslehre-unterricht. Beiträge der Pädagogischen Psychologie und der Neurowissenschaften zu einer erfolgreichen Unterrichtsgestaltung. 2. Auflage. Rinteln 2012.

BEYEN, W.: Von der handlungsorientierten zur konstruktivistischen Perspektive? – Überlegungen zur methodisch-konzeptionellen Gestaltung des Wirtschaftslehre-Unterrichts. In: Zeitschrift für Berufs- und Wirtschaftspädagogik. Band 99, Heft 1, Stuttgart 2003, S. 107-125.

BIRK, F./FINK, W./LUTZ, K.: Kundenorientiert verkaufen. 14. Aufl., korrigierter Nachdruck, Bad Homburg v. d. Höhe 2002.

BRÜNKEN, R./SEUFERT, T.: Aufmerksamkeit, Lernen, Lernstrategien. In: Mandl, H./Friedrich, H. F. (Hrsg.): Lernstrategien. Göttingen-Bern-Wien-Toronto-Seattle-Oxford 2006, S.27-37.

BRUNER, J. S.: Der Akt der Entdeckung. In: Neber, H. (Hrsg.): Entdeckendes Lernen. Weinheim-Basel 1973, S. 15-27.

EUROPÄISCHE KOMMISSION: https://www-healthline-com.translate.goog/health/does-thinking-burn-calories?_x_tr_sl=en&_x_tr_t=de&_x_tr_hl=de&_x_tr_pto=rq. Internetrecherche vom 31.05.2024.

GERRIG, R.: Psychologie. 21., aktualisierte und erweiterte Auflage. Halbergmoos 2018.

HASSELHORN, M./GOLD, A.: Pädagogische Psychologie. Erfolgreiches Lernen und Lehren. 2., durchgesehene Aufl. Stuttgart 2009.

KEHSE, U.: Was Denksport wirklich bringt. Internetrecherche vom 29.05.2024. https://www.geo.de/magazine/geo-kompakt/710-rtkl-gehirntraining-was-denksport-wirklich-bringt.

MYERS, D. G.: Psychologie. 3., vollständig überarbeitete und erweiterte Auflage. Berlin Heidelberg 2014.

NUNEZ, K.: Ist es möglich, Gewicht zu verlieren, indem man intensiver denkt? Internetrecherche vom 25.05.2024.

OECD (Hrsg.): Wie funktioniert das Gehirn? Auf dem Weg zu einer neuen Lernwissenschaft. Mit einer Einführung von Manfred Spitzer. Deutsche Ausgabe Stuttgart 2005.

PAULUS, J.: Lernrezepte aus dem Hirnlabor. In: Die Zeit 28/2003.

REINMANN, G./MANDL, H.: Unterrichten und Lernumgebungen gestalten. In: Krapp, A:/Weidenmann, B. (Hrsg.): Pädagogische Psychologie. Ein Lehrbuch. 5. vollst. überarb. Aufl. Weinheim-Basel 2006, S. 613-658.

ROTH, G.: Aus Sicht des Gehirns. Vollständig überarbeitete Auflage. Frankfurt am Main 2009.

RAICHLE, M. E: Im Kopf herrscht niemals Ruhe. In: Spektrum der Wissenschaft, Juni 2010, S. 60-66.

SCHNOOTZ, W.: Pädagogische Psychologie kompakt. Weinheim 2009.

SCHNOTZ, W.: Visuelles Lernen. In: Rost, D. H. (Hrsg.): Handwörterbuch Pädagogische Psychologie. 3. überarb. und erw. Aufl. Weinheim 2006.

SCHNOOTZ, W./BANNERT, M.: Visuelles Lernen. In: Rost, D. H./Sparfeldt, J. R./Buch, S. R.: Handwörterbuch Pädagogische Psychologie. 5., überarbeitete und erweiterte Auflage. Weinheim/Basel 2018, S. 886-892.

SCHUMACHER, R.: Hirnforschung und schulisches Lernen. In: Herrmann, U. (Hrsg.): Neurodidaktik – Grundlagen und Vorschläge für gehirngerechtes Lehren und Lernen. Weinheim-Basel 2006, S. 87-96.

SCHUMACHER, R./STERN, E.: Die Bedeutung der Neurowissenschaften für die empirische Lehr- und Lernforschung. In: Behinderte Menschen. Nr. 6, 2010, 47-59.

SPITZER; M.: Lernen – Gehirnforschung und Schule des Lebens. Heidelberg-Berlin 2002.

STEINER, G.: Der Kick zum effizienten Lernen. Erfolgreich und nachhaltig ausbilden dank lernpsychologischer Kompetenz – vermittelt an 30 Beispielen. Bern 2007.

STEINER, R.: Die Erziehung des Kindes vom Gesichtspunkte der Geisteswissenschaft. Dornach 1981.

STERN, E.: Vernetzen: Wissen potenzieren. In: Tagesanzeiger vom 21. März 2011, S. 24-25.

STERN, E.: „Macht Latein klug?" In: Forschung & Lehre 6/09, S. 433.

STERN, E.: Lernen tut weh – Können macht Freude. In: Futura Nr. 4, 2008; Quelle: www.itvll.ethz.ch/people/sterne

STERN, E./NEUBAUER, A.: Intelligenz – Große Unterschiede und ihre Folgen. München 2013.

STUNZ, L.: Um sich schlau zu essen, braucht der Mensch Omega-3-Fettsäuren. In: Focus-online 27.10.2022. Internetrecherche vom 31.05.2024. https://www.focus.de/gesundheit/ernaehrung/news/neue-us-studie-omega-3-fettsaeuren-forschende-zeigen-wie-sie-schlau-machen_id_166714373.html.

WEIDENMANN, B.: Lernen mit Medien. In: Krapp, A.:/Weidenmann, B. (Hrsg.): Pädagogische Psychologie. Ein Lehrbuch. 5. vollst. überarb. Aufl. Weinheim-Basel 2006, S. 423-476.

WINKEL, R.: Waldorfpädagogik. In: LENZEN, D. (Hrsg.): Pädagogische Grundbegriffe. 5. Auflage. Reinbek bei Hamburg 1998, S. 1605-1609.

WOOLFOLK, A.: Pädagogische Psychologie. 12. aktualisierte Auflage. Hallbergmoos 2014.

Sonstige Quellen

https://www.mdr.de/wissen/medizin-gesundheit/gehirn-denken-muedigkeit-kopfschmerzen-burnout-giftstoffe-glutamat-100.html. Internetrecherche vom 23.06.2024.

https://www-healthline-com.translate.goog/health/does-thin-king-burn-calories?_x_tr_sl=en&_x_tr_t=de&_x_tr_hl=de&_x_tr_pto=rq. Internetrecherche vom 31.05.2024.

https://www.eurythmeumstuttgart.de/eurythmeum/rudolf-steiner. Internetrecherche vom 27.06.2024.

https://bildungsforschung.hhu.de/absolventen-von-waldorfschulen-eine-empirische-studie-zu-bildung-und-lebensgestaltung-ehemaliger-waldorfschueler/Internetrecherche vom 27.06.2024.

https://www.waldorfschule.de/artikel/waldorfschulen-vermitteln-lernfreude-und-selbstvertrauen-praxis-der-waldorfpaedagogik-wird-durch-em. Internetrecherche vom 28.06.2024.

MDR WISSEN: https://www.mdr.de/wissen/medizin-gesundheit/gehirn-denken-muedigkeit-kopfschmerzen-burnout-giftstoffe-glutamat-100.html. Internetrecherche vom 31.05.2024.